lonely planet

LONDRES

EN QUELQUES JOURS

Damian Harper, Peter Dragicevich,
Steve Fallon, Emilie Filou

Sommaire

Préparer son séjour

Cabine téléphonique londonienne
PCRUCIATTI/SHUTTERSTOCK©

Explorer Londres 41

Vaut le détour

Carnet pratique 203

Coups de projecteur

Bienvenue à Londres !

Entre les musées majestueux, l'architecture éblouissante, l'opulente famille royale, la diversité, les magnifiques parcs et le panache, chacun trouve son bonheur à Londres. Cette capitale chargée d'histoire est aussi à la pointe en matière de culture et de création. Même si son dynamisme cosmopolite lui offre une dimension véritablement internationale, Londres reste une ville intrinsèquement britannique.

Théâtre à ciel ouvert de Regent's Park (p. 175)
VISITBRITAIN/ERIC NATHAN/GETTY IMAGES

Les incontournables

British Museum

Site le plus visité de Grande-Bretagne. p. 88

CHAOKAI SHEN/SHENHAH/500PX ©

Cathédrale Saint-Paul

Symbole de la résistance londonienne. **p. 108**

Tate Modern

Puissante expression de modernité et de renouvellement architectural. **p. 130**

Natural History Museum

Lieu fascinant savamment organisé. **p. 152**

Tour de Londres

Cette imposante forteresse de pierre abrite les joyaux de la Couronne. **p. 112**

Abbaye de Westminster

Lieu sacré de couronnement des souverains anglais. **p. 44**

Houses of Parliament

Les Houses of Parliament et Big Ben forment l'image la plus emblématique de Londres. **p. 50**

National Gallery

L'une des plus belles collections d'art du monde. **p. 66**

Victoria & Albert Museum

La plus grande collection d'arts décoratifs du monde. **p. 148**

Hampton Court Palace

Le palais Tudor le plus majestueux d'Angleterre. **p. 198**

Buckingham Palace

Magnifique résidence de la monarchie à Londres. **p. 48**

Observatoire royal et Greenwich Park

Histoire, sciences et superbe vue sur Londres. **p. 192**

Se restaurer

Autrefois la risée du monde culinaire, Londres s'est transformée en quelques décennies et est aujourd'hui une destination gastronomique internationale. Des chefs de renommée mondiale dirigent des restaurants de premier rang, mais c'est la diversité qui envoûte : de l'Afghanistan à la Zambie, Londres offre le monde dans ses assiettes.

Cuisine du monde

Si, pour des raisons historiques, l'Inde est très présente (le curry est devenu un plat national), la cuisine asiatique en général est très populaire. On trouve des dizaines de restaurants chinois, thaïlandais, vietnamiens, japonais et coréens, ainsi que des établissements fusion élaborés mêlant les saveurs de diverses régions d'Asie. La cuisine moyen-orientale est aussi présente. De nombreux et excellents établissements modernes représentent les cuisines européennes. Les restaurants ethniques sont généralement regroupés à l'endroit où vit la communauté d'origine.

Gastronomie britannique

Devenue gastronomie à part entière, la cuisine britannique moderne défend des ingrédients traditionnels (et parfois sous-estimés) tels que légumes tubercules, poisson fumé, fruits de mer, gibier, agneau de prés-salés, saucisse, boudin noir, abats, bas morceaux de viande et os à moelle.

Gastropubs

Si l'on allait autrefois au pub pour boire un verre, éventuellement accompagné d'un paquet de chips, l'avènement du *gastropub* dans les années 1990 a changé la donne ; aujourd'hui, presque tous les pubs proposent des repas complets de qualité variable, de l'assiette décongelée au plat de haute volée.

ROBIN STEWART/SHUTTERSTOCK ©

Britannique

St John Il a inspiré le renouveau de la cuisine britannique. (p. 121)

Dinner by Heston Blumenthal Bel hommage mêlant accents traditionnels et modernes. (p. 163)

Launceston Place Cuisine, présentation et service magnifiques. (p. 163)

Hook Camden Town Incontournable *fish and chips*. (p. 176)

Européen

Padella Pâtes maison savoureuses et bon marché dans Borough Market. (p. 139)

Club Gascon La cuisine du Sud-Ouest de la France au sein de la City.(p. 121)

Tom's Kitchen Service fabuleux, cuisine de saison et approche durable. (p. 162)

Baltic L'Europe de l'Est dans l'assiette. (p. 141)

Asiatique

Quilon Cuisine indienne la plus inventive de Londres. (p. 60)

Gymkhana Cadre splendide inspiré des clubs de l'Inde coloniale et excellente cuisine. (p. 60)

Hakkasan Hanway Place Parfaite adresse cantonaise souterraine dans le West End. (p. 100)

Miyama Fabuleux restaurant japonais, large choix. (p. 120)

Kanada-Ya Rejoignez la file d'attente pour son superbe *tonkotsu* ramen. (p. 76)

À savoir

- De nombreux restaurants haut de gamme proposent des formules déjeuner au rapport qualité/prix intéressant.
- Le service fiable de réservation en ligne Open Table (www.opentable.co.uk) offre d'importantes réductions dans certains restaurants.

Londres dans une assiette

Pie & Mash

KIERAN MICALLEF/KIERANMICALLEF/500PX ©

♥ Où goûter le Pie & Mash

M Manze (www.manze.co.uk ; 87 Tower Bridge Rd, SE1 ; plats à partir de 2,95 £ ; 11h-14h lun, 10h30-14h mar-jeu, 10h-14h30 ven, jusqu'à 14h45 sam ; Borough).

Goddards at Greenwich (020-8305 9612 ; www.goddardsatgreenwich.co.uk ; 22 King William Walk, SE10 ; plats 3,30-7,30 £ ; 10h-19h30 dim-jeu, jusqu'à 20h ven-sam ; DLR Cutty Sark).

F Cooke (020-7254 6548 ; 9 Broadway Market, E8 ; plats 2,70-4 £ ; 6h-22h lun-sam ; London Fields).

Pie & Mash à Londres

De la moitié du XIXe siècle jusqu'à l'après-guerre, nombre de Londoniens déjeunaient d'une tourte à l'anguille épicée (autrefois la Tamise regorgeait d'anguilles) accompagnée de purée de pommes de terre et de sauce. Aujourd'hui, la farce est constituée de bœuf haché (la viande au curry est bonne aussi). Rarement chics, les établissements servant le *Pie & Mash* offrent cependant une sorte de voyage dans le temps.

Tourte à la viande avec purée de petits pois

RICHARD SPLASH/ALAMY STOCK PHOTO ©

Prendre un verre et vie nocturne

Un simple coup d'œil aux gravures de Gin Lane réalisées par William Hogarth en 1751 suffit pour se rendre compte qu'une longue histoire lie les Londoniens et les breuvages alcoolisés. La métropole offre un large choix d'établissements où prendre un verre, allant des pubs de quartier cosy aux fastueux clubs nocturnes.

ALEX SEGRE/ALEXSEGRE/500PX ©

Pubs

Le pub (raccourci de "public house") occupe une place privilégiée dans la vie sociale londonienne. On y sert un vaste choix de boissons, mais la bière est de rigueur. Certains pubs spécialisés servent les bières de microbrasseries locales ou parfumées aux fruits, des cidres bio et autres breuvages plus rares, tandis que les *gastropubs*, notamment, affichent une solide carte de vins. Quelques établissements ont de ravissants jardins, pris d'assaut en été. La plupart des pubs et des bars accueillent leurs clients de 11h à 23h du lundi au samedi, et ferment à 22h30 le dimanche. Certains restent ouverts plus tard, souvent jusqu'à minuit, parfois jusqu'à 1h ou 2h.

Bars et clubs

Fermant plus tard que les pubs mais plus tôt que les clubs, les bars ne sont pas assujettis à la fermeture obligatoire à 23h. Des DJ peuvent y officier, certains ont une piste de danse (entrée payante après 23h). Le décor y est plus moderne et les boissons plus sophistiquées que celles des pubs. Les clubbeurs ont du choix, avec des endroits légendaires tels que la Fabric. Les bars à cocktails connaissent une renaissance, vous trouverez quantité d'adresses chic aux concoctions toujours plus créatives.

Pubs

Edinboro Castle Ambiance intello et *beer garden*. (p. 177)

PYMCA/UIG/AGE FOTOSTOCK ©

Lock Tavern Superbe pub de Camden avec terrasse sur le toit et musique live. (p. 178)

Ye Olde Mitre Confortable pub historique, avec un excellent choix de bières et zéro musique – le comble du raffinement. (p. 123)

Windsor Castle En haut de Campden Hill Rd, à Kensington, avec un superbe *beer garden*. (p. 164)

Pubs historiques

George Inn Site historique classé au charme ancien. (p. 142)

Jerusalem Tavern Refuge du XVIIIe siècle pour amateurs d'*ale*. (p. 124)

Lamb & Flag Établissement ancien et évocateur, près du Strand. (p. 80)

Bars

American Bar Élégant exemple Art déco au Beaumont Hotel, dans le West End. (p. 79)

Sky Pod Avec une vue pareille, les boissons sont toujours meilleures. (p. 123)

Dukes London Un classique au cœur de Londres servant les meilleurs martinis de la ville. (p. 61)

Oblix Magnifique vue sur Londres et la Tamise depuis le 32e étage du Shard. (p. 142)

Clubs

Fabric Le club le plus célèbre de Londres. (p. 124)

Heaven Une boîte gay incontournable. (p. 81)

Adresses en ligne

Consultez les adresses dans *Time Out* (www.timeout.com/london) ou l'*Evening Standard*. Le charme de la vie nocturne londonienne est en partie dû au changement perpétuel, alors gardez l'œil ouvert.

Londres dans un verre

Pimm's & Lemonade

♥ Trois lieux où déguster un Pimm's

Edinboro Castle
(www.edinborocastlepub.co.uk ; 57 Mornington Tce, NW1 ; 12h-23h lun-sam, jusqu'à 22h30 dim ; ; Camden Town)

Spaniards Inn
(www.thespaniardshampstead.co.uk ; Spaniards Rd, NW3 ; 12h-23h ; ; ; 210)

Windsor Castle
(www.thewindsorcastlekensington.co.uk ; 114 Campden Hill Rd, W11 ; 12h-23h lun-sam, jusqu'à 22h30 dim ; ; Notting Hill Gate)

Pimm's & Lemonade à Londres

Ce cocktail fruité à base de gin est la boisson britannique estivale par excellence : un après-midi ensoleillé dans un *beer garden* ne serait pas parfait sans un verre (ou une carafe) de Pimm's. Il est servi avec de la limonade, de la menthe et des fruits frais. Si la plupart des pubs et des bars le proposent, ils auront probablement tous les ingrédients seulement en été.

Pimm's traditionnel

Shopping

EDMUND SUMNER-VIEW/ALAMY STOCK PHOTO ©

Boutiques solidaires ou maroquiniers de luxe, les occasions de dépenser son argent sont nombreuses. Entre les lieux incontournables, comme Harrods, Hamleys ou le marché de Camden, et une kyrielle d'autres enseignes, votre Carte bleue ne chômera pas.

Magasins de chaîne

Beaucoup déplorent le fait que les chaînes aient investi les centres commerciaux, mettant en difficulté les commerces indépendants. Mais puisque ces enseignes sont bon marché, branchées et bien situées, les Londoniens en redemandent. Outre les marques telles que Gap, H&M, Urban Outfitters et Zara, vous trouverez de nombreuses chaînes locales, dont la luxueuse marque de prêt-à-porter pour femmes Karen Millen (www.karenmillen.com) et le géant mondial Topshop (www.topshop.co.uk).

Horaires

Les commerces londoniens ouvrent généralement de 9h ou 10h à 18h ou 19h, du lundi au samedi. La majorité des magasins du West End (Oxford St, Soho et Covent Garden) et de Chelsea, Knightsbridge, Kensington, Greenwich et Hampstead sont aussi ouverts le dimanche de 12h à 18h, voire de 10h à 16h, ainsi que le jeudi soir (jusqu'à 21h) dans le West End et le mercredi soir à Chelsea, Knightsbridge et Kensington. Bien souvent, les magasins ouvrent aussi lorsqu'un marché s'installe à proximité.

Quartiers

West End Concentration de grands noms pour portefeuilles bien garnis.

Knightsbridge Harrods et d'autres enseignes drainent les acheteurs compulsifs de tout Londres.

Grands magasins

Harrods Chic et parfois tape-à-l'œil, mais toujours aussi irrésistible. (photo p. 165)

NATALYA OKOROKOVA ©

Liberty Choix de styles contemporains dans un ravissant cadre Tudor. (p. 84)

Fortnum & Mason L'épicerie fine la plus ancienne et chic de Londres. (p. 83)

Librairies

John Sandoe Books Personnel agréable et connaisseur et superbe stock dans l'une des boutiques les plus charmantes de Londres. (p. 165)

Hatchards La plus vieille librairie de Londres (1797), proposant un choix de livres fabuleux et un grand nombre de manifestations. (p. 83)

Waterstones Piccadilly La plus grande librairie d'Europe. Personnel cultivé, lectures et dédicaces régulières. (p. 84)

London Review Bookshop Sélection littéraire de choix. (p. 105)

Cadeaux

Penhaligon's Superbe choix d'eaux de toilette et parfums d'intérieur, sous la houlette d'un personnel attentif. (p. 84)

London Silver Vaults Articles en argent splendidement façonnés, de la vaisselle jusqu'aux bijoux. (p. 125)

Lovely & British Boutique de Bermondsey avec photos, bijoux et céramiques réalisés en Grande-Bretagne. (p. 145)

Détaxe

Dans les magasins affichant "tax free", les visiteurs non ressortissants de l'UE peuvent bénéficier d'un remboursement de 20% de la TVA. Consultez le www.gov.uk/tax-on-shopping/taxfree-shopping.

Souvenirs de Londres

WENN LTD/ALAMY STOCK PHOTO ©

Musique

Londres est la ville idéale pour acheter des disques. Essayez Rough Trade East (p. 191) à Spitalfields.

Jouets londoniens

Bus à impériale, ours Paddington, gardes au bonnet à poil : les symboles de Londres font d'excellents souvenirs. Hamleys (p. 85) est l'endroit rêvé pour en faire le plein.

TIWAKORN DHUPAGUPTA/SHUTTERSTOCK ©

EURASIA PRESS/GETTY IMAGES ©

Thé

La boisson britannique par excellence, avec un grand choix de noms emblématiques. Fortnum & Mason (photo p. 83) et Harrods (p. 165) proposent de belles boîtes.

PAOLO PARADISO/SHUTTERSTOCK ©

Vêtements et chaussures vintage

Vos trouvailles londoniennes resteront associées à votre séjour. Commencez votre quête à l'Old Spitalfields Market (photo p. 191) ou au Sunday UpMarket (p. 185) dans l'East End.

MATTHEW TAYLOR/ALAMY STOCK PHOTO ©

Livres de collection

Londres est un paradis pour bibliophiles, avec ses nombreuses librairies chargées d'histoires, débordant de premières éditions convoitées et de rares exemplaires signés. Essayez Hatchards (photo p. 83) ou John Sandoe Books (p. 165).

Sortir

Qu'importe ce qui vous anime ou fait bouger votre corps : vous le trouverez à Londres. La ville est une figure de proue mondiale du théâtre depuis l'arrivée d'un jeune homme de Stratford-upon-Avon au XVIe siècle. Et si Londres s'est mis à swinguer dans les années 1960, sa scène live rock et pop ne s'est pas calmée depuis.

Théâtre

Une soirée au théâtre est aussi incontournable qu'un trajet à bord d'un bus à impériale. Theatreland dans l'éclatant West End – d'Aldwych à l'est, jusqu'à Regent St à l'ouest, en passant par Shaftesbury Ave – abrite de nombreux théâtres ; seul Broadway, à New York, peut rivaliser.

Musique classique

Avec de multiples orchestres et ensembles de classe internationale, des salles de qualité, des tarifs raisonnables et des performances couvrant tout l'éventail musical, des succès traditionnels aux compositions innovantes, Londres satisfera les amateurs de musique classique les plus exigeants.

Rythmes londoniens

Londres a toujours produit un son avant-gardiste et inventif. Rock, blues, jazz, folk – la musique live est à l'honneur tous les soirs de la semaine dans des clubs, des pubs ou des salles de concert.

Théâtre

Shakespeare's Globe
Cadre authentiquement élisabéthain à ciel ouvert. (p. 143)

National Theatre
Trois salles dédiées au théâtre d'avant-garde. (photo p. 144)

Musique classique et opéra

Royal Albert Hall Au sud des Kensington Gardens, cet édifice victorien en briques rouges renferme une magnifique salle de concert. (p. 164)

Royal Opera House
Pour les amateurs de ballet et d'opéra. (p. 82)

MILAN GONDA/SHUTTERSTOCK ©

Jazz

Ronnie Scott's Club légendaire de Frith St, au cœur du West End. (p. 82)

Pizza Express Jazz Club Jazz de première classe au sous-sol d'un restaurant de chaîne. (p. 81)

Jazz Cafe Aujourd'hui, bien plus que du jazz, mais toujours des bœufs parmi les meilleurs de Londres. (p. 178)

Rock et pop live

KOKO Salle somptueuse qui programme du rock indé original. (p. 178)

Royal Albert Hall Magnifique, grandiose, vaste, et étrangement intimiste. (p. 164)

Musique d'église

Abbaye de Westminster Vêpres et plus beaux concerts d'orgues de la ville. (p. 53)

Cathédrale Saint-Paul Vêpres des plus évocatrices. (p. 108)

St Martin-in-the-Fields Excellents concerts de musique classique, souvent aux chandelles. (p. 74)

Danse

Southbank Centre De Bollywood à la breakdance, en passant par tous les styles. (p. 138)

The Place Le berceau de la danse moderne anglaise. (p. 104)

Billets invendus

Des billets invendus à tarif réduit sont généralement disponibles au National Theatre, au Barbican, au Southbank Centre et au Royal Opera House. À retirer en personne le jour même. Des billets à 5 £ sont disponibles tous les jours au Shakespeare's Globe.

Musées

Les musées sont l'attraction numéro un de Londres, et pas seulement les jours de pluie. Certains musées de la capitale abritent des collections remarquables de renommée mondiale.

Pratique

Les musées nationaux (British Museum, National Gallery, Victoria & Albert Museum) sont gratuits, à l'exception des expositions temporaires. Les collections privées sont généralement gratuites (ou sur don), tandis que les institutions plus modestes réclament de 5 à 8 £. Des réductions sont parfois consenties sur les billets achetés en ligne. Les collections nationales ouvrent généralement de 10h à environ 18h, avec une ou deux nocturnes par semaine.

Visite de nuit

Le soir, après le départ de la foule, les musées dévoilent un autre visage. Ouvrant tard une ou deux fois par semaine, plusieurs musées proposent aussi des soirées spéciales, accueillant des manifestations ou présentant leurs collections sous un angle inédit. Consultez les programmations sur les sites Internet (pour certains, une seule ouverture nocturne est prévue, en mai).

Musées spécialisés

Éventails, transports londoniens ou histoire de la chirurgie... Les musées londoniens raviront les passionnés, quels que soient leurs centres d'intérêt – même les plus obscurs – et captiveront aussi les béotiens.

Collections gratuites

British Museum Collection exceptionnelle d'objets rares. (photo p. 88)

Victoria & Albert Museum Arts décoratifs et design

dans un cadre somptueux. (p. 148)

National Gallery Surtout consacré aux chefs-d'œuvre prémodernes. (p. 66)

Tate Modern Édifice spectaculaire et splendide, collection moderne et contemporaine. (p. 130)

Natural History Museum Un enchantement pour petits et grands. (p. 152)

Maisons-musées

Sir John Soane's Museum Séduisant musée regorgeant de curiosités du XVIIIᵉ siècle. (p. 72)

Dennis Severs' House Demeure d'une famille de tisserands de soie huguenots, comme si elle était encore habitée. (p. 187)

Architecture

Victoria & Albert Museum Arts décoratifs et design dans un cadre somptueux. (p. 148)

Natural History Museum Tout droit sorti d'un conte gothique. (p. 152)

Petits musées

Old Operating Theatre Museum & Herb Garret Édifiante description des techniques de chirurgie d'autrefois. (p. 138)

Museum of Brands, Packaging & Advertising Fascinante collection de marques à travers les âges, dans le quartier de Notting Hill. (p. 167)

Manger au musée

Nombre de grands musées disposent d'un fantastique restaurant, qui mérite aussi une visite en soi.

Architecture

Partout dans Londres, la variété des styles architecturaux témoigne de la longue histoire de la capitale. En flânant, le visiteur attentif repérera ainsi un mur romain enchâssé dans l'entrée d'un édifice postmoderne près de Saint-Paul ou, dissimulé dans une arrière-cour non loin d'une grande artère, un ancien relais de poste datant de la Restauration.

Style londonien

Contrairement à d'autres villes, Londres n'a jamais suivi de plan méthodique et s'est développée de manière presque hasardeuse. Par conséquent, elle recèle des vestiges architecturaux, souvent dissimulés : un tronçon de mur romain enchâssé dans le hall d'un bâtiment moderne, près de la cathédrale Saint-Paul, ou un relais de poste de la Restauration dans une cour proche de Borough High St.

Icônes modernes

Cheese Grater Ouvert mi-2014, le Leadenhall Building, 225 m de haut, fait face à un autre emblème de l'architecte Richard Rogers, le bâtiment de la Lloyd's of London.

The Gherkin En forme de missile d'une hauteur de 180 m, 30 St Mary Axe ou «le cornichon» semble surgir à chaque regard.

The Shard La tour aux airs d'aiguille de l'architecte italien Renzo Piano offre une superbe vue du haut de ses 87 étages. (p. 139)

Walkie Talkie Cette tour de 37 étages et 160 m de haut est concave d'un côté et convexe de l'autre. Visitez le Sky Garden (p. 118)

Trellis Presque achevé lors de la rédaction de ce guide, le 1 Undershaft sera la plus haute construction de la City (305 m).

Architecture ancienne

Abbaye de Westminster Monument phare de l'histoire architecturale londonienne. (p. 53)

Houses of Parliament Westminster Hall possède l'une des plus belles charpentes à blochets du monde. (p. 53)

Tour de Londres Célébrissime bastion riche en légendes, mythes et crimes sanglants. (p. 112)

All Hallows by the Tower Fragments romains dans l'une des plus anciennes églises de Londres. (p. 119)

MICHELE PRISCO/MICHELEPRISCO/500PX ©

Architecture royale

Buckingham Palace Pied-à-terre de la reine. (p. 53)

Houses of Parliament Extraordinaire monument victorien et siège de la démocratie parlementaire britannique. (p. 53)

Queen's House Superbe création d'Inigo Jones, dans le cadre charmant de Greenwich. (p. 195)

Hampton Court Palace Chassez les fantômes dans le célèbre dédale de couloirs Tudor. (p. 198)

Old Royal Naval College Fresques magnifiques et chapelle saisissante. (p. 197)

Monuments

Monument Vue panoramique au sommet de l'escalier (p. 118)

Albert Memorial Le style victorien dans toute sa splendeur et son excès. (p. 158)

Marble Arch Grande arche blanche conçue par John Nash. (p. 160)

Visites architecturales de l'Open House

Durant un week-end fin septembre, des centaines de bâtiments fermés au public ouvrent leurs portes à l'occasion de l'**Open House London** (☎020-7383 2131 ; www.openhouselondon.org.uk). Les édifices publics ne sont pas en reste, avec de nombreuses conférences et visites. Cette association d'architecture parraine des conférences avec visites dans divers quartiers de Londres, menées par l'organisation **Open City** (☎020-3006 7008 ; www.open-city.org.uk ; visites 24,50-35,50 £).

Londres avec des enfants

Londres est une excellente destination pour les enfants. Les musées de la ville passionneront les petits, tandis que les pièces, spectacles de danse et concerts raviront les plus grands. Aires de jeu, parcs, fermes urbaines et réserves naturelles sont parfaits pour se dépenser ou se détendre.

Musées

Les musées londoniens sont très adaptés aux enfants, presque tous proposent des circuits adaptés. De nombreuses activités sont proposées : conteurs à la National Gallery, sacs à dos thématiques pour explorer le British Museum, spectacles au Victoria & Albert Museum, audioguides familiaux à la Tate Modern, et ateliers artistiques à la Somerset House, où les enfants peuvent danser parmi les fontaines dans la cour en été. Le Science Museum possède un superbe espace interactif au sous-sol, le Garden.

Restauration

Quantité de restaurants et cafés, équipés de tables à langer et de chaises hautes, accueillent volontiers les enfants. Choisissez bien votre établissement : avec les tout-petits, évitez les plus huppés et les plus calmes. Notez que les *gastropubs* sont souvent très ouverts au jeune public, mais que les pubs proposant uniquement à boire peuvent refuser les moins de 16 ans. En l'absence de menu enfant, la plupart des établissements se feront un plaisir de vous proposer une portion réduite sur demande.

Attractions pour les enfants

ZSL London Zoo Près de 750 espèces animales et l'excellente Penguin Beach. (p. 174)

London Eye Prenez de la hauteur et repérez tous les monuments londoniens. (p. 136)

PPTARA/SHUTTERSTOCK ©

London Dungeon
Sensations fortes et frissons garantis. (p. 137)

Madame Tussauds
Le paradis des selfies, aux côtés de One Direction et Dark Vador. (p. 174)

Relève de la garde
Toques, uniformes et ordres militaires : vos enfants resteront bouche bée. (p. 56)

Cutty Sark Explorez un vrai navire et découvrez l'histoire de ses périples. (p. 197)

Imperial War Museum
Expositions passionnantes, avions de guerre et collection militaire. (p. 137)

British Museum
Les momies vous attendent dans le musée phare de la ville. (p. 88)

Natural History Museum
Admirez le squelette de baleine bleue suspendu et le T. rex animatronique. (p. 152)

Le top pour les tout-petits

Kensington Gardens
Une aire de jeu fabuleuse, une fontaine pour s'éclabousser et des hectares de verdure pour gambader. (p. 160)

St James's Park Canards, écureuils et pélicans, à l'ombre de Buckingham Palace. (p. 57)

Musées pour les enfants

Science Museum
Une mine de distractions pédagogiques pour les petits geeks, salle de jeux pour les tout-petits au sous-sol. (p. 158)

À savoir

- Tous les transports publics, sauf le National Rail, sont gratuits pour les moins de 11 ans.
- En hiver (nov-jan), des patinoires s'installent au Natural History Museum, à la Somerset House et à Hampton Court Palace.

Circuits organisés

Croisières

Thames River Services (☎020-7930 4097 ; www.thamesriverservices.co.uk ; adulte/enfant aller 12,50/6,25 £, aller-retour 16,50/8,25 £). Ces bateaux desservent Greenwich depuis le Westminster Pier, via la Tour de Londres.

Thames Rockets (☎020-7928 8933 ; www.thamesrockets.com ; Boarding Gate 1, London Eye, Waterloo Millennium Pier, Westminster Bridge Rd, SE1 ; adulte/enfant à partir de 43,50/29,50 £ ; ⏲10h-18h ; 👪). Traversez Londres à grande vitesse sur un hors-bord, à la James Bond.

Thames River Boats (☎020-7930 2062 ; www.wpsa.co.uk ; Westminster Pier, Victoria Embankment, SW1 ; Kew adulte/enfant aller 13/6,50 £, aller-retour 20/10 £, Hampton Court aller 17/8,50 £, aller-retour 25/12,50 £ ; ⏲10h-16h avr-oct ; ⊖Westminster). De Westminster Pier aux Royal Botanic Gardens, à Kew (1 heure 30), et/ou Hampton Court Palace (1 heure 30), avec possibilité de débarquer à Richmond, si la marée le permet.

Balades à pied

Guide London (association des guides touristiques professionnels ; ☎020-7611 2545 ; www.guidelondon.org.uk ; demi-journée/journée 165/270 £). Guides prestigieux et connaisseurs, certifiés Blue Badge.

London Walks (☎020-7624 3978 ; www.walks.com ; adulte/enfant 10 £/gratuit). Large choix de balades thématiques pour tous les goûts : fantômes, Beatles, Harry Potter et Sherlock Holmes.

Unseen Tours (☎07514 266774 ; www.sockmobevents.org.uk ; circuits 12 £). Cette entreprise solidaire vous permet de vous laisser guider par d'anciens sans abri pour découvrir Londres à leurs côtés.

Strawberry Tours (☎020-7859 4996 ; www.strawberrytours.com/london). Prix libres.

Circuits en bus

Big Bus Tours (☎020-7808 6753 ; www.bigbustours.com ; adulte/enfant 35/18 £ ; ⏲toutes les 20 min 8h30-18h avr-sept, 8h30-17h oct et mars, 8h30-16h30 nov-fév). Commentaires en douze langues. Le billet comprend également une balade en bateau et trois promenades thématiques à pied.

Original Tour (www.theoriginaltour.com ; adulte/enfant 30/15 £ ; ⏲8h30-20h30). Montez et descendez à souhait avec ce circuit en bus à impériale à ciel ouvert, valable 24 heures. Un bus toutes les 5 à 20 minutes.

Fêtes et festivals

BEN GINGELL/SHUTTERSTOCK ©

Londres ne cesse jamais de vibrer, l'année étant rythmée par un chapelet de festivals traditionnels ou modernes célébrés avec enthousiasme. Entre le plus grand carnaval d'Europe, le déploiement de fleurs à l'occasion du Chelsea Flower Show et le Trooping the Colour, célébré en grande pompe, il y en a pour tous les goûts.

Festivals gratuits

Carnaval de Notting Hill Londres passe à l'heure caribéenne pour le plus vivant des carnavals en plein air de la ville ; en août.

Nouvel An chinois Festival de rue pittoresque dans Chinatown ; fin janvier ou février.

Trooping the Colour Défilés et manifestations officielles marquent l'anniversaire officiel de la reine en juin ; ils se tiennent sur Horse Guards Parade.

Guy Fawkes' Night (Bonfire Night) Le 5 novembre, la tentative de Guy Fawkes de faire sauter le Parlement en 1605 est commémorée par des feux de joie et des feux d'artifice.

Lord Mayor's Show (www.lordmayorsshow.london). Chars, fanfares et feux d'artifice en l'honneur du maire de Londres ; en novembre.

Marathon de Londres En avril, quelque 40 000 marathoniens foulent le bitume londonien pour l'une des plus grandes courses sur route au monde.

Manifestations payantes

Tennis Championships (www.wimbledon.com). Le tennis dans tous ses états pendant deux semaines ; en juin/juillet.

The Proms (www.bbc.co.uk/proms). Concerts classiques au Royal Albert Hall ; de juillet à septembre.

London Film Festival (www.bfi.org.uk/lff). Grand festival de cinéma au British Film Institute Southbank et dans d'autres salles ; en octobre.

Chelsea Flower Show (www.rhs.org.uk/chelsea). Cette célèbre exposition horticole attire le gratin de West London ; en mai.

Agenda en ligne

Consultez l'agenda des événements à Londres et alentour sur www.visitlondon.com ou www.timeout.com/london.

Scène LGBT

La ville d'Oscar Wilde, Quentin Crisp et Elton John ne déçoit pas les visiteurs LGBT, avec ses soirées, bars, clubs et événements effrontés, bruyants et osés. C'est une capitale gay internationale, à l'instar de New York et de San Francisco – les communautés LGBT de Londres ont fait du bon temps une forme d'art.

KATIE STEVENS PHOTOGRAPHY/SHUTTERSTOCK ©

Quartiers LGBT

Le quartier cool de Shoreditch accueille la scène LGBT la plus alternative de Londres. Longtemps au cœur du Londres gay, Soho a été supplanté par l'East End, plus branché. Vauxhall dans South London est l'endroit idéal pour les soirées en club.

Bars et clubs

Londres abrite toujours de nombreux bars variés, disséminés dans la ville et pas uniquement au cœur de Soho.

Événements

BFI Flare (www.bfi.org.uk/llgff). Avant-premières, projections et conférences investissent le BFI Southbank début avril.

Pride in London (prideinlondon.org). L'une des plus grandes *Gay Pride* au monde, fin juin/début juillet.

Clubs et boutiques

Heaven Ce club, véritable institution gay, séduit toujours les foules le samedi soir. (p. 81)

Gay's the Word Excellent choix de livres et magazines LGBT. (p. 105)

Agenda des événements LGBT

Consultez www.gingerbeer.co.uk pour tout savoir du calendrier, des soirées club et des bars lesbiens. Vous trouverez des renseignements autour du voyage sur 60by80 (www.60by80.com/london) et des adresses de bars, clubs et événements sur Time Out London LGBT (www.timeout.com/london/lgbt).

Marchés

ANNA LEVAN/SHUTTERSTOCK ©

Comme un Londonien

Le plaisir qu'offrent les marchés londoniens ne consiste pas seulement à dénicher les bonnes affaires et à fouiner dans des montagnes de bricoles en tous genres (même si les occasions ne manquent pas) : c'est aussi l'opportunité de prendre le pouls de la ville et de se mêler aux habitants, qui adorent y flâner le week-end.

Déjeuner sur le pouce

Les stands et/ou les food trucks sont l'une des caractéristiques des marchés londoniens – que ces derniers soient ou non spécialisés dans la gastronomie. Ils font généralement un tabac, grâce aux visiteurs désireux de s'asseoir pour se restaurer et observer l'animation. Les plats sont bons dans l'ensemble (même si la qualité varie) et les prix sont corrects (de 4 à 8 £).

Marchés

Borough Market Une mine de spécialités gourmandes, au sud de la Tamise. (p. 136)

Old Spitalfields Market Un immense marché à la frontière de la City et de l'East End, parfait pour les articles rétro et la mode. (p. 191)

Camden Market Incontournable de North London, avec une offre allant des objets anciens aux breloques pour touristes. (p. 174)

Portobello Market Le plus connu de Londres, dans le quartier tendance de Notting Hill. Parfait pour les articles vintage. (p. 167)

Brick Lane Market Le dimanche, bric-à-brac, vêtements bon marché et stands alimentaires. (p. 185)

Sunday UpMarket Après un délicieux en-cas, dirigez-vous vers les stands de créateurs. (p. 185)

Borough Market

Repérez les nombreux petits en-cas gratuits de Borough Market, au sud de la Tamise : la qualité est excellente et la diversité des saveurs incroyable.

Londres en 4 jours

Jour 1

LUKASZ PAJOR/SHUTTERSTOCK ©

Un premier arrêt à **Trafalgar Square** (p. 72) pour admirer l'architecture et la vue imprenable sur **Big Ben** (p. 51). Puis, direction la **National Gallery** (p. 66) pour admirer *Les Tournesols* de Van Gogh. Continuez jusqu'à l'**abbaye de Westminster** (p. 53) pour plonger dans son histoire ecclésiastique et royale.
Après avoir récupéré avec un déjeuner gastronomique à petit prix au **Vincent Rooms** (p. 59), traversez le Westminster Bridge et piquez vers le **London Eye** (p. 136). Poursuivez à pied le long de la Tamise jusqu'à la **Tate Modern** (p. 130).
Prenez un verre à l'historique **George Inn** (p. 142), et installez-vous pour dîner à l'**Arabica Bar & Kitchen** (p. 142), au cœur de la halle ancienne du **Borough Market** (p. 136).

Jour 2

JOHN CRUX/SHUTTERSTOCK ©

Arrivez à 8h50 à la **Tour de Londres** (p. 112) pour assister à la **cérémonie des Clés**. Après une matinée à vous extasier devant les guides-hallebardiers et les **joyaux de la Couronne**, admirez l'emblématique **Tower Bridge** (p. 63) sur la Tamise. Explorez la magnifique architecture et le dôme de la **cathédrale Saint-Paul** (p. 108).
Prenez un bus jusqu'à **Covent Garden** et observez l'animation. Poursuivez vers **Leicester Square** (p. 81), ses cinémas célèbres pour leurs avant-premières, et **Piccadilly Circus** (p. 73), avec sa fameuse statue.
Arrêtez-vous au **Dukes London** (p. 61) pour un Martini, suivi de la fabuleuse cuisine de Jérusalem du **Palomar** (p. 76). Restez à Piccadilly et Soho pour un dernier verre au **Lamb & Flag** (p. 80).

Jour 3

MUBUS7/SHUTTERSTOCK ©

Consacrez quelques heures au **British Museum** (p. 88). Terminez la matinée en flânant un peu dans **Bloomsbury**, jadis centre incontesté du monde littéraire.
Savourez un délicieux sandwich ou un *afternoon tea* au **Tea & Tattle** (p. 89), avant de gagner le quartier huppé de Chelsea et Kensington pour votre shopping. **Harrods** (p. 165) reste incontournable pour des souvenirs gourmands. Terminez par une balade dans **Hyde Park** (p. 158).
Le soir, l'animation nocturne de **Camden** vous attend. Dégustez un savoureux *fish and chips* au **Hook Camden Town** (p. 176) avant d'écouter de la musique live : rock indé au **KOKO** (p. 178) ou jazz au **Jazz Cafe** (p. 178).

Jour 4

STOYANH/SHUTTERSTOCK ©

Descendez la Tamise en bateau jusqu'à Greenwich pour suivre notre **promenade à pied** (p. 196). Explorez le **National Maritime Museum** (p. 197), la **Queen's House** (p. 195) et le **Cutty Sark** (p. 197). Déjeunez au **Greenwich Market** (p. 197).
Une agréable promenade à travers **Greenwich Park** (p. 194) vous conduit à l'**Observatoire royal** (p. 192). Le panorama qui s'étend jusqu'à **Canary Wharf** est magnifique.
Dans l'Observatoire, enjambez le **méridien de Greenwich** et découvrez les recherches menées pour résoudre le problème de la longitude.
Prenez une pinte et dînez dans l'adorable **Trafalgar Tavern** (p. 197) avant de rejoindre la City pour un verre avec vue panoramique au **Sky Pod** (p. 123).

Les basiques

Pour plus d'informations, voir *Carnet pratique* (p. 203)

Langue
Anglais (et plus de 300 autres)

Monnaie
Livre sterling (£)

Visas
Non requis pour les citoyens de l'UE.

Argent
Nombreux DAB. Principales cartes bancaires acceptées partout.

Téléphone portable
Achetez une carte SIM locale si vous avez un téléphone européen ou bien un téléphone avec carte prépayée.

Heure locale
Londres est à l'heure GMT/UTC.

Pourboire
Hôtels : 1 £ par sac.
Restaurants : 15 % pour un service exceptionnel.
Pubs : non attendu sauf pour un service en salle ; inutile au bar.
Taxis : arrondissez à la livre supérieure.

Budget quotidien

Moins de 85 £
Lit en dortoir 12-30 £

Plat sur un marché ou sandwich de supermarché 3,50-5 £

Nombreux musées gratuits

Place de théâtre au dernier moment 5-25 £

Vélo Santander Cycles 1 jour : 2 £

De 85 à 200 £
Chambre double 100-200 £

Dîner (2 plats) avec verre de vin 35 £

Exposition temporaire : 12-18 £

Place de théâtre 15-60 £

Plus de 200 £
Hôtel 4 étoiles ou boutique-hôtel : plus de 200 £

Dîner dans un grand restaurant, vin compris 60-90 £

Trajet en taxi 30 £

Place de théâtre très bien placée 65 £

À prévoir

Trois mois avant Réservez les grands spectacles en week-end, une table dans les restaurants réputés et achetez vos billets pour les expositions temporaires incontournables. Réservez votre logement.

Un mois avant Consultez l'agenda sur les sites de divertissement comme *Time Out* (www.timeout.com/london) pour le théâtre d'avant-garde, la musique live et les festivals, et réservez vos places.

Quelques jours avant Regardez la météo en ligne sur Met Office (www.metoffice.gov.uk).

Arriver à Londres

La plupart des voyageurs arrivent à Londres en avion, mais de plus en plus d'Européens prennent le train.

Depuis l'aéroport de Heathrow

Trains, métro et bus pour Londres de 5h à minuit, 5,70 à 21,50 £. Taxi 46 à 87 £.

Depuis l'aéroport de Gatwick

Trains pour Londres de 4h30 à 1h35, 10 à 20 £. Bus toutes les heures pour Londres 24h/24 et 7j/7, à partir de 5 £. Taxi 100 £.

Depuis l'aéroport de Stansted

Trains pour Londres de 5h30 à 1h30, 23,40 £. Bus pour Londres 24h/24 et 7j/7 à partir de 12 £. Taxi à partir de 130 £.

Depuis l'aéroport de Luton

Trains pour Londres de 7h à 22h à partir de 14 £. Bus pour Londres 24h/24 et 7j/7, 10 £. Taxi 110 £.

Gare de St Pancras International

Dans le centre de Londres pour les arrivées d'Eurostar, reliée à d'autres parties de la ville par de nombreuses lignes souterraines.

Comment circuler

Le moyen le plus économique reste l'Oyster Card (p. 208), ou une carte sans contact britannique.

Métro, métro aérien et DLR

Rapides et pratiques, mais pas les plus économiques.

Bus

Le réseau de bus est étendu mais lent, sauf pour les courts trajets (tarifs intéressants avec l'Oyster Card). Il existe aussi des bus de nuit et certaines lignes circulent 24 h/24.

Taxi

Les chauffeurs de *black cab*, le mythique taxi londonien, connaissent Londres comme leur poche, mais les tarifs sont élevés, sauf pour les groupes. Les *minicabs* sont moins chers mais ne se hèlent pas dans la rue. Pensez aux applications Hailo et Uber.

Vélo

Les vélos Santander Cycles (p. 209) sont idéals pour de courts trajets.

Voiture et moto

À éviter : stationnement hors de prix, "taxe d'embouteillage", bouchons, prix élevé de l'essence, contractuels omniprésents et pose fréquente de sabots.

Sites Web

Lonely Planet (www.lonelyplanet.fr). Présentation de Londres, informations, forum.
Time Out London (www.timeout.com/london). Agenda des loisirs à jour et complet distribué gratuitement le mardi.
Londonist (www.londonist.com) Tout sur Londres et sur ce qui s'y passe.

Les quartiers de Londres

Regent's Park et Camden **(p. 169)**
North London met l'accent sur la vie nocturne, les espaces verts et les bruyères, le charme des bords de canal, les marchés et les restaurants internationaux.

National Gallery et Covent Garden **(p. 65)**
L'intensité de la ville : théâtres du West End, grands musées, superbes restaurants, boutiques à foison et vie nocturne bohème.

Musées de Kensington **(p. 147)**
L'un des quartiers les plus chics de Londres avec de beaux musées, des hectares d'espaces verts et d'excellents magasins et restaurants.

Abbaye de Westminster et Westminster **(p. 43)**
Siège royal et politique de Londres : faste, cérémonies, histoire et plusieurs sites majeurs de Londres.

British Museum et Bloomsbury (p. 87)
Le musée le plus célèbre de Londres, des places élégantes, une restauration éclectique et des pubs littéraires.

Shoreditch et l'East End (p. 183)
L'énergie créative et les clubs de Shoreditch apportent à l'East End histoire, musées, excellents restaurants et quantité de marchés.

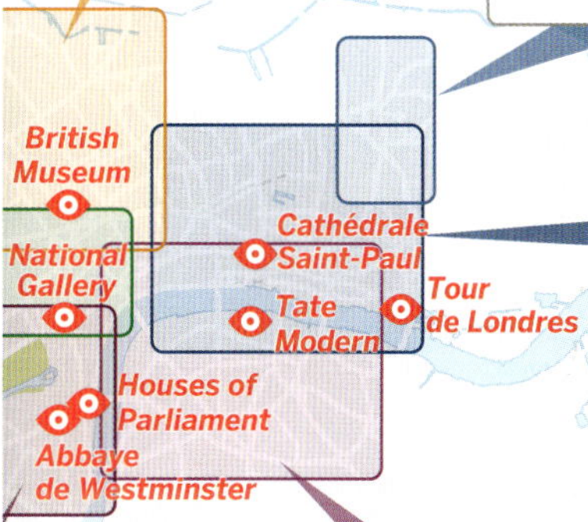

Saint-Paul et la City (p. 107)
L'église et la tour emblématiques de Londres se trouvent ici, entourés de vestiges antiques, d'églises historiques, de joyaux architecturaux et de pubs chaleureux.

Tate Modern et South Bank (p. 129)
Art moderne, théâtre innovant, pièces élisabéthaines, superbes restaurants, architecture moderne et pubs traditionnels.

POPPIES
FISH
&
CHIPS
OPEN
TAKEAWAY

Explorer Londres

Vaut le détour

Promenades à pied

Poppie's (p. 188) DOSFOTOS DOSFOTOS/GETTY IMAGES ©

Explorer

Abbaye de Westminster et Westminster

Westminster est le siège politique de Londres. Les manifestations officielles qui s'y déroulent donnent lieu à un grand déploiement de faste, avec convois de carrosses dorés, défilés grandioses et, dans le cas de l'ouverture du Parlement, homme en noir frappant sur la porte à l'aide d'un sceptre orné de joyaux. Les touristes affluent pour contempler Buckingham Palace et le palais néogothique qui héberge le Parlement.

Arrivez de bonne heure à l'abbaye de Westminster (p. 44) pour éviter l'affluence. Vous y resterez une grande partie de la matinée, afin d'admirer l'architecture impressionnante et d'explorer les cloîtres. Rejoignez St James's Park (p. 53) au déjeuner et choisissez entre un pique-nique dans l'herbe et un repas au Vincent Rooms (p. 59). Rendez-vous ensuite à Buckingham Palace (p. 48) en été ou aux Houses of Parliament (p. 50) quand le Parlement siège. Savourez un superbe dîner indien au Gymkhana (p. 60) et terminez par un délicieux cocktail au Dukes London (p. 61) ou à l'opulent Rivoli Bar (p. 61) du Ritz.

Comment y aller et circuler

Westminster et St James's Park sont sur les lignes Circle Line et District Line. La Jubilee Line s'arrête aussi à Westminster et à Green Park. Green Park est également desservie par les lignes Piccadilly Line et Victoria Line.

Plan de Westminster p. 54

Tour de l'horloge Big Ben ALEXEY FEDORENKO/SHUTTERSTOCK ©

Les incontournables

Abbaye de Westminster

L'abbaye de Westminster est un site de commémoration si important qu'il est difficile de se représenter sa valeur symbolique ou de lui imaginer un équivalent ailleurs dans le monde. À l'exception d'Édouard V (assassiné) et d'Édouard VIII (qui a abdiqué), tous les souverains anglais ont été couronnés ici depuis Guillaume le Conquérant en 1066, beaucoup s'y sont mariés et 17 d'entre eux y sont inhumés.

PLAN P. 54, E5

www.westminster-abbey.org

20 Dean's Yard, SW1

adulte/enfant 22/9 £, cloître et jardins gratuits

9h30-15h30 lun-ven, jusqu'à 18h mer, 9h-15h sam de mai à août sinon 9h-13h

Westminster

Transept nord, sanctuaire et chœur

Le transept nord est souvent appelé Statesmen's Aisle (nef des hommes d'État) : de grandes statues et plaques en marbre commémorent des personnalités politiques (notamment les Premiers ministres) et personnages éminents. Au cœur de l'abbaye, le beau sanctuaire (ou sacrarium) carrelé accueille les couronnements, les mariages et les funérailles royales. Le chœur, magnifique structure or, bleu et rouge, de style gothique victorien dessiné par Edward Blore, date du milieu du XIXe siècle.

Chapelle de la Vierge et chaire

La spectaculaire chapelle de la Vierge arbore une voûte en éventail, des bannières héraldiques colorées et des stalles en chêne. Derrière l'autel se trouve le sarcophage élaboré d'Henry VII et de sa reine, Élisabeth d'York. En face de l'entrée, vous pourrez admirer la "chaise du couronnement" (Coronation Chair) de presque tous les monarques depuis la fin du XIIIe siècle.

Tombe de Marie, reine d'Écosse

Deux petites chapelles sont situées de part et d'autre de la chapelle de la Vierge. À gauche (nord) reposent Élisabeth Ire et sa demi-sœur Marie Ire (ou "Marie la Sanglante"). À droite (sud), on trouve la tombe de Marie Stuart, décapitée sur ordre de sa cousine Élisabeth en 1587.

Chapelle d'Édouard le Confesseur

L'endroit le plus sacré de l'abbaye se trouve derrière le maître-autel ; l'accès y est limité pour préserver le sol du XIIIe siècle. La tombe de saint Édouard, qui fonda l'abbaye, a été modifiée après sa destruction pendant la Réforme.

Coin des poètes

Le transept sud abrite le "coin des poètes" (Poets' Corner) où reposent de nombreux écrivains illustres. Le premier à avoir été enterré

★ À savoir

- L'abbaye attire les foules ; arrivez tôt le matin.
- Des visites d'1 heure 30 menées par des bedeaux (5 £ en plus de l'entrée) partent de la porte nord.
- Prenez un audioguide, gratuit avec votre billet d'entrée à la porte nord.

Une petite faim ?

Prenez un repas assis dans l'abbaye. Le **Cellarium** (020-7222 0516 ; 20 Dean's Yard, SW1 ; plat 9,50-13,50 £ ; 8h-18h lun, mar, jeu et ven, jusqu'à 19h30 mer, 9h-17h sam, 10h-16h dim ; wifi) fait partie du monastère bénédictin d'origine (XIVe siècle) et offre une vue sublime sur les détails architecturaux de l'abbaye.

Non loin, le Vincent Rooms (p. 59), géré par des étudiants en restauration, sert une excellente cuisine européenne moderne à tout petits prix.

ici est Geoffrey Chaucer, en 1400, suivi par Alfred Tennyson, Charles Dickens, Rudyard Kipling…

Tombe de sir Isaac Newton

Le "coin des hommes de science" (Scientists' Corner) occupe le côté ouest du cloître et abrite notamment la tombe de sir Isaac Newton. Une section voisine est appelée "allée des musiciens" (Musicians' Aisle). C'est ici que reposent les compositeurs baroques Henry Purcell et John Blow.

Cloîtres

Permettant l'accès aux bâtiments monastiques, les cloîtres (Cloisters), édifiés principalement entre le XIIIe et le XVe siècle, étaient autrefois occupés par des moines. Ils permettent aussi de pénétrer dans la salle capitulairc, la salle du coffre et le musée de l'abbaye, situé dans la crypte.

Un nouveau musée dans l'abbaye

Le nouveau musée et espace d'exposition Queen's Diamond Jubilee Galleries, situé dans le triforium médiéval, la galerie voûtée située au-dessus de la nef, a ouvert en 2018. L'exposition regroupe les masques mortuaires de générations de personnalités royales, les effigies de cire de Charles II et Guillaume III (sur un tabouret pour paraître aussi grand que son épouse, Marie II), une armure et des vitraux. Les pièces maîtresses sont la Mary Chair, chaise ornée d'inscriptions, et le Westminster Retable, le plus ancien retable d'Angleterre, datant du XIIIe siècle.

Salle capitulaire

Située dans le cloître est, la salle capitulaire (Chapter House) octogonale présente un des carrelages médiévaux les mieux préservés d'Europe et des vestiges de fresques religieuses. La Chambre des communes y a siégé pendant la seconde moitié du XIVe siècle, et elle abrite une porte considérée comme la plus ancienne du Royaume-Uni (950 ans).

Salle du coffre

Voisine de la salle capitulaire et du cloître est, la salle du coffre (Pyx Chamber) est l'un des rares vestiges de l'abbaye d'origine. Construite vers 1070, elle renferme les trésors et les objets liturgiques de l'abbaye. Le fameux coffre contenait jadis la monnaie-étalon, précieusement conservée pour vérifier chaque année la conformité de la monnaie frappée lors de la cérémonie dite de l'Examen du Coffre.

College Garden

Pour accéder au College Garden, un jardin vieux de 900 ans, traversez Dean's Yard et le petit cloître (Little Cloister). Il occupe le site du premier jardin de l'hôpital de l'abbaye, établi au XIe siècle pour cultiver des plantes médicinales.

Histoire de l'abbaye de Westminster

L'abbaye de Westminster présente différents styles architecturaux mais est considérée comme le plus bel exemple de "premier gothique anglais" (1180-1280). L'église d'origine fut édifiée au XIe siècle par le roi (puis saint) Édouard le Confesseur, qui est enterré dans la chapelle située derrière le maître-autel. Henri III (règne 1216-1272) commença les travaux sur le nouveau bâtiment sans les achever. La nef de style gothique français fut achevée en 1388. L'immense et magnifique chapelle d'Henri VII fut ajoutée en 1519.

Monastère bénédictin et dissolution

À l'origine, l'abbaye était un monastère de bénédictins. De nombreuses caractéristiques témoignent de ce passé collégial (la salle capitulaire octogonale, le chœur et les cloîtres). En 1540, Henri VIII sépare l'Église anglicane de l'Église catholique et dissout le monastère. Le roi prend la tête de l'Église d'Angleterre et l'abbaye acquiert son statut spécial royal (administrée directement par la Couronne et exempte de toute juridiction ecclésiastique).

Site du couronnement

À l'exception d'Édouard V et d'Édouard VIII, tous les souverains anglais ont été couronnés ici depuis Guillaume le Conquérant en 1066, et la plupart des monarques depuis Henri III (mort en 1272) jusqu'à George II (mort en 1760) y ont aussi été enterrés.

Chœur

Le chœur date de la moitié du XIXe siècle. Il occupe l'emplacement du chœur d'origine réservé aux moines mais lui ressemble peu. Aujourd'hui, le chœur accueille le Westminster Choir – 22 garçons et 12 "lay vicars" (hommes) qui chantent les offices et les vêpres quotidiens (17h en semaine, 15h le week-end).

Mariages royaux

Le 29 avril 2011, le prince William a épousé Catherine Middleton (S.A.R. duchesse de Cambridge) à l'abbaye de Westminster. Le couple a choisi l'abbaye pour le cadre relativement intime du sanctuaire : à cause du chœur, la plupart des quelque 1 900 invités n'ont rien pu voir de la cérémonie ! Le 19 mai 2018, son frère le prince Harry a quant à lui épousé Meghan Markle dans la chapelle Saint-George de Windsor.

Les incontournables

Buckingham Palace

Édifié en 1705 pour le duc de Buckingham puis acheté par George III, ce palais est la résidence de la famille royale depuis 1837, date à laquelle la reine Victoria s'y installa. Les pièces d'apparat (State Rooms), 19 seulement parmi les 775 pièces que compte le palais, sont désormais ouvertes de fin juillet à septembre, lorsque S.A.R. (Son Altesse Royale) est en vacances en Écosse.

PLAN P. 54, A4

www.royalcollection.org.uk

Buckingham Palace Rd, SW1

adulte/enfant/moins de 5 ans 24/13,50 £/gratuit

9h30-19h (9h30-18h sept) juil-sept uniquement

Green Park, St James's Park

State Rooms

La visite démarre dans l'entrée (Grand Hall), au pied du monumental escalier (Grand Staircase). Elle comprend le salon vert (Green Drawing Room) à l'italienne signé John Nash, la salle à manger d'apparat (State Dining Room), le salon bleu (Blue Drawing Room) au magnifique plafond cannelé réalisé par Nash, et le salon blanc (White Drawing Room), où sont reçus les ambassadeurs étrangers. La salle du trône (Throne Room) est assez décevante, avec deux fauteuils ornés des monogrammes "ER" et "P".

Picture Gallery et jardins

Longue de 47 m, la galerie de tableaux présente des œuvres d'artistes aussi illustres que Van Dyck, Rembrandt, Canaletto, Poussin, Rubens, Canova et Vermeer. À la fin de la visite, la balade dans les 18 ha de jardins est un autre temps fort – tout comme la découverte de quelques-unes des 350 espèces de fleurs et de plantes.

Queen's Gallery

La famille royale a rassemblé une collection inestimable de peintures, de sculptures, de céramiques, de meubles et de bijoux. La splendide **Queen's Gallery** (aile sud, Buckingham Palace ; adulte/enfant 10,30/5,30 £, avec les Royal Mews 19/10 £ ; 10h-17h30) présente ces trésors tour à tour. Entrée par Buckingham Gate.

Royal Mews

Au sud-ouest du palais, les **écuries royales** (Buckingham Palace Rd ; adulte/enfant 11/6,40 £, avec la Queen's Gallery 19/10 £ ; 10h-17h avr-oct, jusqu'à 16h lun-sam fév, mars et nov ; Victoria) furent d'abord une fauconnerie. Aujourd'hui, elles abritent les écuries où logent les impeccables chevaux royaux, ainsi que les opulentes voitures qu'utilise la reine pour ses déplacements. Ne manquez pas le magnifique carrosse en or de 1762 et celui en verre de 1911.

★ À savoir

- Pour accéder au palais, réservez en ligne un ticket avec horaire (départ toutes les 15 min). La visite libre (audioguide inclus) dure 2 heures.
- Le ticket combiné Royal Day Out (adulte/enfant/-5 ans 39,50/22 £/gratuit) inclut les State Rooms, la Queen's Gallery et les Royal Mews.
- La relève de la garde est un spectacle très couru, arrivez tôt.

Une petite pause ?

Le **St James's Cafe** (020-7839 1149 ; St James's Park, SW1 ; plat 6,50-11 £ ; 8h-18h lun-sam, 9h-17h dim, jusqu'à 22h avr-oct ; ; Charing Cross, St James's Park) est agréable pour un en-cas après la visite du palais ou la relève de la garde.

Pour un repas indien d'exception, rejoignez le Quilon (p. 60), non loin, qui arbore une étoile au Michelin.

Les incontournables

Houses of Parliament

La Chambre des communes (House of Commons), élue, et la Chambre des lords (House of Lords), dont les membres sont désignés ou héréditaires, siègent dans le somptueux palais de Westminster. Ce bâtiment néogothique date du milieu du XIXe siècle (quelques sections ont survécu à un terrible incendie en 1834). Les visiter est un voyage au cœur de la démocratie britannique.

PLAN P. 54, F5

Palais de Westminster

www.parliament.uk

Parliament Sq, SW1

entrée libre

Westminster

Big Ben

La tour de l'Horloge est l'élément le plus célèbre des Houses of Parliament. Officiellement appelée Elizabeth Tower pour le jubilé de diamant de la reine en 2012, elle est plus connue sous le nom de Big Ben. En réalité, Big Ben désigne le carillon de 13,5 tonnes à l'intérieur, et tient son nom de Benjamin Hall, commissaire en chef des travaux lors de l'achèvement de la tour en 1858.

Westminster Hall

C'est l'un des éléments les plus intéressants du palais de Westminster, siège de la monarchie anglaise du XIe siècle au début du XVIe siècle. Construit à la fin du XIe siècle, c'est la partie la plus ancienne du palais ; son superbe toit à blochets fut ajouté entre 1394 et 1401.

House of Commons

C'est dans la Chambre des communes que se réunissent les membres du Parlement pour proposer et discuter les nouvelles lois et interroger le Premier ministre et d'autres ministres. La chambre actuelle, conçue par Giles Gilbert Scott, remplace celle détruite par une bombe en 1941.

House of Lords

L'accès à la Chambre des lords se fait par la galerie des Étrangers (Strangers' Gallery). L'intérieur ouvragé "gothique Tudor" a conduit son architecte, Auguste Pugin (1812-1852), à une mort prématurée due au surmenage et à la pression.

Visites

Possibilité de visites autonomes ou **visites guidées** (adulte/enfant 28/12 £) le samedi toute l'année et presque tous les jours en semaine durant les vacances parlementaires.

★ À savoir

- Pour connaître les questions qui seront débattues le jour de la visite, consultez le panneau à côté de l'entrée ou le site Internet www.parliament.uk.
- L'*afternoon tea* (29 £) dans le Terrace Pavilion donnant sur la Tamise est un complément de visite apprécié.

✂ Une petite pause ?

Footstool (formule déj 2/3 plats 17,50/19,50 £ ; 8h30-17h lun-ven, 2 heures avant les concerts de St John sam-dim ; St James's Park, Westminster), un café et restaurant aux voûtes en brique dans la crypte de St John's, Smith Square, est à une courte distance à pied au sud du palais.

Si vous poursuivez sur South Bank, allez déjeuner au chic Skylon (p. 140) dans la Royal Festival Hall.

Promenade à pied

Londres royal

Regroupant la crème des majestueux sites royaux de Londres, cet itinéraire riche en attractions comprend quelques incontournables de la ville. Vous découvrirez des édifices et sites historiques parmi les plus célèbres de Londres et aurez de multiples occasions de prendre des photos. La balade qui forme une boucle permet de retourner au point de départ pour accéder facilement à d'autres parties de Londres.

La promenade

Départ Abbaye de Westminster ; Westminster

Arrivée Houses of Parliament ; Westminster

Distance 3,5 km

Durée 2 heures

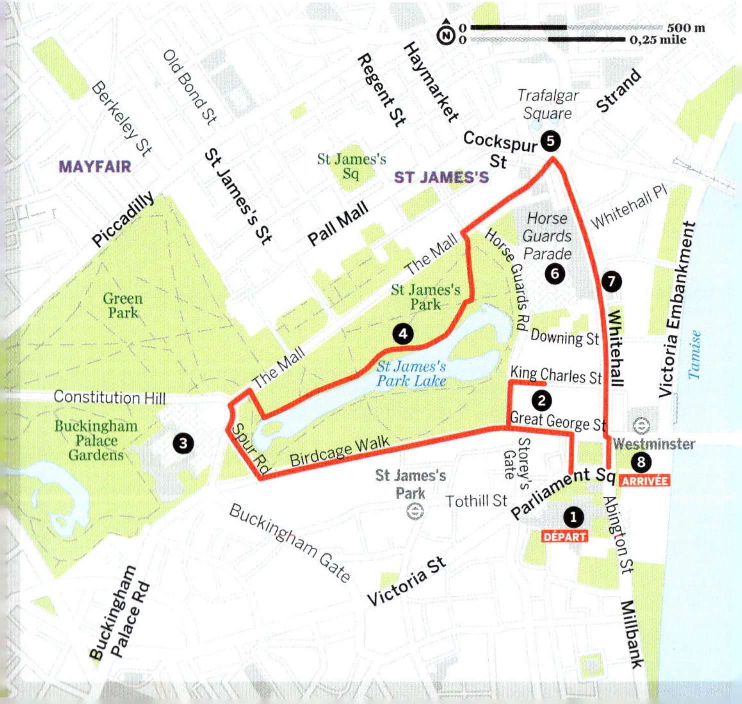

❶ Abbaye de Westminster

Commencez par explorer l'imposante abbaye de Westminster (p. 44), tôt de préférence (avant l'arrivée de la foule). C'est ici qu'ont été couronnés presque tous les souverains anglais depuis 1066.

❷ Churchill War Rooms

Contournez Parliament Sq, en passant devant la Cour suprême du Royaume-Uni (il est possible d'assister gratuitement aux audiences), du côté ouest de la place, et rejoignez les Churchill War Rooms (salles de guerre, p. 56) pour découvrir comment Churchill coordonna la résistance des alliés contre Hitler.

❸ Buckingham Palace

Birdcage Walk conduit au majestueux Buckingham Palace (p. 48), dont les salles d'apparat sont ouvertes en août et septembre aux personnes munies d'un ticket. Autrement, visitez les Royal Mews (écuries, p. 49) et la Queen's Gallery (p. 49), non loin.

❹ St James's Park

Flânez le long de The Mall et entrez dans St James's Park (p. 57), l'un des plus jolis parcs royaux de Londres. Longez le St James's Park Lake peuplé de canards, d'oies, de cygnes et autres oiseaux aquatiques.

❺ Trafalgar Square

Retournez dans The Mall et passez sous l'Admiralty Arch pour rejoindre Trafalgar Square et admirez la vue sur les Houses of Parliament.

❻ Horse Guards Parade

Descendez Whitehall jusqu'à l'entrée de la Horse Guards Parade (p. 58). L'élégante garde montée de la Queen's Household Cavalry est en service tous les jours de 10h à 16h, lors de la relève des gardes à pied.

❼ Banqueting House

En face, la superbe Banqueting House (p. 58) est le dernier vestige subsistant de Whitehall Palace, qui bordait autrefois une bonne partie de Whitehall mais qui disparut dans un incendie à la fin du XVIIe siècle. Plus loin dans Whitehall se trouve l'entrée de 10 Downing Street.

❽ Houses of Parliament

Au bout de Whitehall, vous arrivez aux magnifiques Houses of Parliament (p. 50) et leur célèbre tour, Big Ben. Vous pouvez visiter l'édifice et assister aux débats.

Une petite pause ?

S'il fait beau, emportez un pique-nique pour manger dans le charmant **St James's Park**. Autrement, le **Cafe Murano** (p. 60), dans le quartier voisin de St James's, est un bon choix pour une délicieuse cuisine authentique du nord de l'Italie.

A
B
C
D
E
F
1
2
3
4
0 200 m
0 0,1 mile
Regent St
Royal Academy of Arts
4
5
Burlington Arcade
Albemarle St
New Bond St
Dover St
14
Berkeley St
Curzon St
Piccadilly
12
Jermyn St
19
Ormond Yard
Regent St
11
St Alban's St
Charles II St
Haymarket
Suffolk St
Trafalgar Square
Cockspur St
Whitehall
Strand
Craven St
Villiers St
Charing Cross
Embankment
Northumberland Ave
20
Duke St
16
Bury St
St James's Sq
St James's Square
ST JAMES'S
Carlton House Tce
St James's Sq
Pall Mall
King St
Park Pl
St James's St
St James's Pl
18
17
Green Park
Piccadilly
Queen's Walk
Cleveland Row
Carlton Gdns
The Mall
Spring Gdns
Whitehall Pl
Whitehall Ct
Golden Jubilee Bridges
Horse Guards Parade
8
Horse Guards Ave
Banqueting House
9
Victoria Embankment
Green Park
7
Marlborough Rd
No 10 Downing Street
Downing St
Horse Guards Rd
Richmond Tce
St James's Park Lake
King Charles St
3
Churchill War Rooms
Whitehall
Westminster
Westminster Bridge
Constitution Hill
Relève de la garde
2
6
St James's Park
Great George St
Parliament Sq
Buckingham Palace
Spur Rd
Birdcage Walk
Old Queen St
Parliament Square

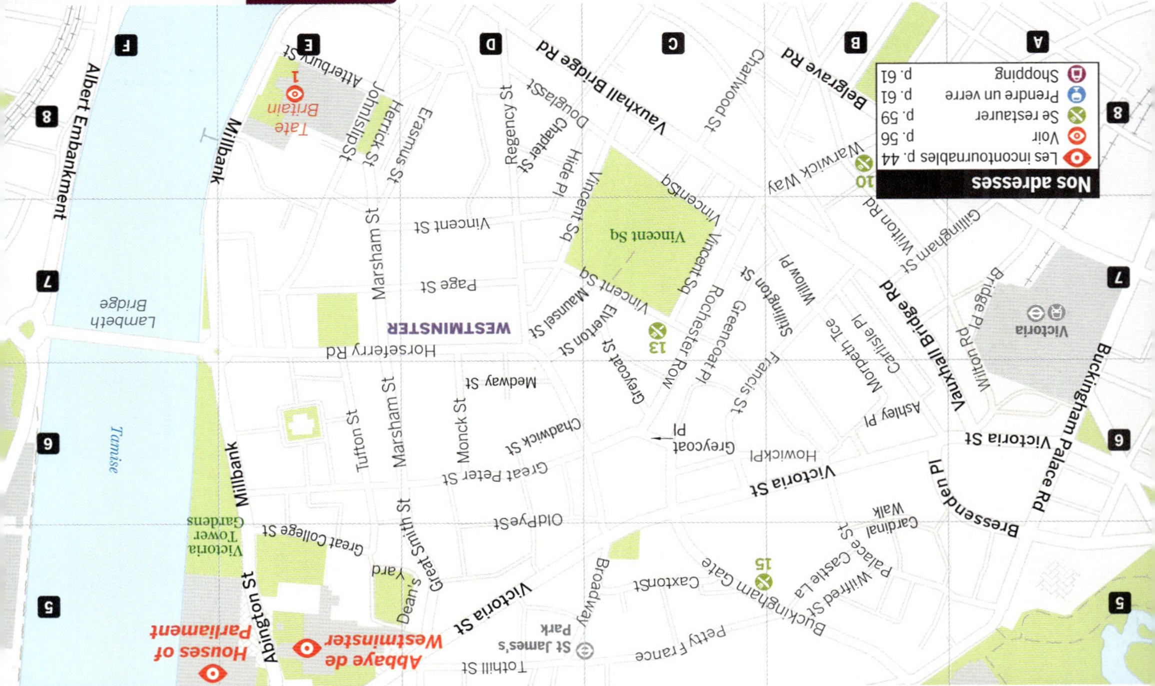
Nos adresses
Les incontournables p. 44
Voir p. 56
Se restaurer p. 59
Prendre un verre p. 61
Shopping p. 61
Houses of Parliament
Abbaye de Westminster
Tate Britain
1
13
15
10
WESTMINSTER
Tamise
Lambeth Bridge
Victoria Tower Gardens
Vincent Sq
St James's Park
Victoria
Albert Embankment
Millbank
Abington St
Great College St
Dean's Yard
Great Smith St
Tufton St
Marsham St
Horseferry Rd
Page St
Vincent St
Monck St
Great Peter St
Medway St
Chadwick St
OldPyeSt
Tothill St
Victoria St
Broadway
Caxton St
Petty France
Buckingham Gate
Wilfred St
Castle La
Palace St
Cardinal Walk
Bressenden Pl
Buckingham Palace Rd
Wilton Rd
Bridge Pl
Vauxhall Bridge Rd
Ashley Pl
Morpeth Tce
Carlisle Pl
Howick Pl
Greycoat Pl
Francis St
Greencoat Pl
Rochester Row
Stillington St
Willow Pl
Greycoat St
Elverton St
Maunsel St
Vincent Sq
Hide Pl
Chapter St
Douglas St
Regency St
Erasmus St
Herrick St
John Islip St
Atterbury St
Charlwood St
Warwick Way
Gillingham St
Belgrave Rd
A
B
C
D
E
F
5
6
7
8

Voir

Tate Britain

MUSÉE

1 PLAN P. 54, E8

Le plus ancien et vénérable des deux musées Tate célèbre l'art britannique de 1500 à nos jours, avec des œuvres de Blake, Hogarth, Gainsborough, Barbara Hepworth, Whistler, Constable et Turner, ainsi que des pièces modernes et contemporaines de Lucian Freud, Francis Bacon et Henry Moore. Une **visite thématique** (11h, 12h, 14h et 15h tlj) de 45 minutes et des conférences **Art in Focus** (13h15 mar, jeu et sam) de 15 minutes sont proposées. (020-7887 8888 ; www.tate.org.uk/visit/tate-britain ; Millbank, SW1 ; entrée libre ; 10h-18h, jusqu'à 21h30 certains ven ; Pimlico)

Relève de la garde

CÉRÉMONIE

2 PLAN P. 54, B4

Un incontournable de Londres. La garde en poste (gardes à pied du Household Regiment) est relevée par la nouvelle garde devant Buckingham Palace (p. 48). Les touristes admirent – parfois derrière une dizaine de personnes – la cérémonie avec uniformes rouges et bonnets à poil. Le nom officiel de la cérémonie est Guard Mounting, elle dure environ 45 minutes. (http://changing-guard.com ; Buckingham Palace, Buckingham Palace Rd, SW1 ; St James's Park, Victoria, Green Park)

Churchill War Rooms

MUSÉE

3 PLAN P. 54, D4

Lors de la Seconde Guerre mondiale, Winston Churchill participa à la coordination de la résistance des alliés contre l'Allemagne nazie via un téléphone en bakélite depuis ce sous-sol. On perçoit très bien l'atmosphère de résistance et de tension de l'époque dans les **Cabinet War Rooms**, restées quasiment telles qu'on les a laissées en 1945. Le **Churchill Museum**, riche en dispositifs multimédias, offre une approche passionnante du grand homme, fumeur de cigares et chef de guerre déterminé. (www.iwm.org.uk/visits/churchill-war-rooms ; Clive Steps, King Charles St, SW1 ; adulte/enfant 21/10,50 £ ; 9h30-18h ; Westminster)

Royal Academy of Arts

MUSÉE

4 PLAN P. 54, B1

La première école des Beaux-Arts de Grande-Bretagne a été fondée en 1768 et s'est installée à Burlington House exactement un siècle plus tard. La collection comprend dessins, peintures, projets d'architecture, photographies et sculptures d'académiciens d'hier et d'aujourd'hui, tels Joshua Reynolds, John Constable, Thomas Gainsborough, J.M.W. Turner, David Hockney ou Norman Foster. (020-7300 8000 ; www.royalacademy.org.uk ; Burlington House, Piccadilly, W1 ; adulte/enfant à partir de 13,50 £/gratuit, prix variables selon les expositions ; 10h-18h sam-jeu, 10h-22h ven ; Green Park)

Burlington Arcade

BÂTIMENT HISTORIQUE

5 PLAN P. 54, B1

Jouxtant Burlington House et la Royal Academy of Arts, cette élégante galerie marchande date de 1819. Elle compte aujourd'hui principalement des boutiques de luxe et est connue pour ses Burlington Beadles, gardes en redingote et haut-de-forme à l'affût de la moindre "infraction" – courir, siffler, manger du chewing-gum, ouvrir un parapluie, ou tout autre comportement de mauvais goût. (Le fait que la galerie était autrefois une maison close est moins connu).

Entre Old Bond St et Albermarle St, la **Royal Arcade** (entre 28 Old Bond St et 12 Albemarle St, W1 ; Green Park) date de 1880. (www.burlingtonarcade.com ; 51 Piccadilly, W1 ; 9h-19h30 lun-sam, 11h-18h dim ; Green Park)

St James's Park

PARC

6 PLAN P. 54, C4

D'une superficie de 23 ha, St James's est le deuxième parc le plus petit des 8 parcs royaux, après Green Park (p. 58). Il ne manque toutefois pas d'entretien, c'est l'espace vert le plus soigné de Londres. Il offre un superbe point de vue sur le London Eye, Westminster, St James's Palace, Carlton Tce et la Horse Guards Parade. La passerelle traversant le lac central offre le plus bel angle de vue sur Buckingham

Buckingham Palace (p. 48) et St James's Park

Palace. (www.royalparks.org.uk/parks/st-jamess-park ; The Mall, SW1 ; 5h-minuit ; St James's Park, Green Park)

Green Park PARC

7 PLAN P. 54, A3

Avec une superficie de 19 ha, Green Park est le plus petit des 8 parcs royaux. Il abrite tout de même d'énormes platanes et chênes et des pelouses ondoyantes, et n'est jamais aussi bondé que son voisin plus soigné, St James's Park (p. 57). Ancien terrain de duel comme Hyde Park (p. 158), il a aussi servi de potager pendant la Seconde Guerre mondiale.

D'après la légende, l'absence notable de parterres de fleurs serait due à une interdiction de la reine Catherine de Bragance qui s'était aperçue que son mari Charles II y cueillait des bouquets pour ses maîtresses. (www.royalparks.org.uk/parks/green-park ; 5h-minuit ; Green Park)

Horse Guards Parade CÉRÉMONIE

8 PLAN P. 54, E3

Chaque jour à 11h (10h le dimanche), les gardes à cheval des deux régiments de la Household Cavalry, les Life Guards et les Blues & Royals, effectuent une relève, plus accessible que celle de Buckingham Palace (p. 56), au niveau de l'entrée officielle des véhicules dans le palais. Une version un peu moins solennelle a lieu à 16h lors de la relève de la garde à pied. C'est ici aussi que se tient la cérémonie du **Trooping the Colour**, à l'occasion de l'anniversaire officiel de la reine, en juin. (www.trooping-the-colour.co.uk ; juin)

Sous les règnes d'Henri VIII et de sa fille Élisabeth Ire, des joutes y étaient données. Le terrain de manœuvre et ses bâtiments furent édifiés en 1745 pour héberger les Life Guards de la reine. Le site abrite aussi le **Household Cavalry Museum** (020-7930 3070 ; adulte/enfant 7/5 £ ; 10h-18h avr-oct, jusqu'à 17h nov-mars). (http://changing-guard.com/queens-life-guard.html ; 11h lun-sam, 10h dim ; Westminster, Charing Cross, Embankment)

Banqueting House PALAIS

9 PLAN P. 54, E3

La Banqueting House est l'unique section subsistante du Whitehall Palace (1532) des Tudor, qui bordait autrefois une bonne partie de Whitehall avant d'être réduit en cendres lors d'un incendie en 1698. Conçue par Inigo Jones en 1622 et ravalée en pierre de Portland au XIXe siècle, la Banqueting House fut le premier édifice purement Renaissance d'Angleterre et ne ressemblait à aucune autre construction du pays à l'époque. Il semble que les Anglais l'aient détesté pendant plus d'un siècle. (020-3166 6155 ; www.hrp.org.uk/banquetinghouse ; Whitehall, SW1 ; adulte/enfant 5,50 £/gratuit ; 10h-17h ; Westminster)

10 Downing St

Bureau officiel des dirigeants britanniques depuis 1732, lorsque George II céda l'endroit à Robert Walpole, premier lord trésorier, le **10 Downing St** (Plan p. 54, E3 ; www.number10.gov.uk ; 10 Downing St, SW1 ; ⊖Westminster) est aussi la résidence londonienne du Premier ministre depuis la rénovation de 1902. Cette adresse si célèbre occupe un bien petit édifice georgien dans une rue ordinaire, difficilement comparable à la Maison-Blanche, par exemple. Cependant, il s'agit en réalité de 3 maisons réunies qui comptent une centaine de pièces et un jardin de 2 000 m^2.

Se restaurer

Pimlico Fresh

CAFÉ £

10 PLAN P. 54, B8

Un chaleureux café composé de 2 salles, parfait pour un petit-déjeuner (pain perdu, bols de porridge arrosé de miel ou de sirop d'érable), un déjeuner (quiches et soupes maison, tartines grillées) ou un simple latte avec gâteau. (☎020-7932 0030 ; 86 Wilton Rd, SW1 ; plats à partir de 4,50 £ ; 🕒7h30-19h30 lun-ven, 9h-18h sam-dim ; ⊖Victoria)

Shoryu

NOUILLES £

11 PLAN P. 54, C1

Cette charmante adresse centrale attire quantité d'amateurs de nouilles à ses comptoirs et petites tables en bois. Lieu animé, chaleureux et efficace, au personnel serviable. Les fantastiques *ramen* au bouillon de porc *tonkotsu* sont la spécialité, agrémentées de *nori* (algues séchées), d'oignon nouveau, de *nitamago* (œufs mollets) et de graines de sésame. Pas de réservation. (www.shoryuramen.com ; 9 Regent St, SW1 ; plat 10-14,50 £ ; 🕒11h15-minuit lun-sam, jusqu'à 22h30 dim ; ⊖Piccadilly Circus)

Kahve Dünyası

CAFÉ £

12 PLAN P. 54, C1

Amateurs de tout ce qui est turc, nous étions (et sommes toujours) ravis qu'un café de notre chaîne turque favorite ait ouvert à Londres, avec ses desserts à base de pistache, ses vrais loukoums et ses glaces au mastic. Et, bien sûr, son café turc – le meilleur au monde. Service excellent. Propreté impeccable. (Coffee World ; ☎020-8287 9063 ; http://kahvedunyasi.co.uk ; Unit 3, 200 Piccadilly, W1 ; gâteaux 3,85-4,95 £ ; 🕒7h30-22h lun-ven, jusqu'à 22h30 sam, jusqu'à 21h30 dim ; ⊖Piccadilly)

Vincent Rooms

EUROPÉEN MODERNE £

13 PLAN P. 54, C7

Envie de servir de cobaye aux apprentis cuisiniers du Westminster

Westminster by night

Westminster et Whitehall sont totalement déserts le soir, et comptent très peu de bars et de restaurants. La situation est à peu près la même à St James's. Si vous vous trouvez à Westminster en début de soirée, dirigez-vous plutôt vers le très vivant quartier de Soho ou les rues animées entourant Covent Garden.

Kingsway College, où s'est formé Jamie Oliver ? Le service est agréable, l'atmosphère dans la Brasserie et l'Escoffier Room est chic, la cuisine (y compris les options végétariennes) est merveilleuse et les tarifs sont très abordables. (020-7802 8391 ; www.westking.ac.uk/about-us/vincent-rooms-restaurant ; Westminster Kingsway College, Vincent Sq, SW1 ; plats 9-13 £ ; 12h-15h lun-ven, 18h-21h mar-jeu ; Victoria)

Gymkhana

INDIEN ££

14 PLAN P. 54, A1

Si la décoration assez sombre rappelle l'esprit colonial britannique – ventilateurs au plafond, boiseries en chêne, photos de matchs de cricket et trophées de chasse, la carte est en revanche très colorée et appétissante. Ceux qui aiment la variété opteront pour le menu dégustation viande/végétarien de 6 plats (70/65 £). Le bar est ouvert jusqu'à 1h. (020-3011 5900 ; www.gymkhanalondon.com ; 42 Albemarle St, W1 ; plats 10-38 £, menu 4 plats déj/dîner 28,50/40 £ ; 12h-14h30 et 17h30-22h15 lun-sam ; ; Green Park)

Quilon

INDIEN £££

15 PLAN P. 54, C5

Ce restaurant primé et étoilé Michelin sert probablement la meilleure et plus inventive cuisine indienne de Londres. Si le restaurant en lui-même dans le chic St James's n'a rien d'exceptionnel, les plats, eux, sont fabuleux : crevettes avec piment et poivre rose, *biryani* d'agneau de Malabar ou cuisses de caille farcies. Carte adaptée aux végétariens, avec une dizaine de plats. (020-7821 1899 ; www.quilon.co.uk ; 41 Buckingham Gate, SW1 ; plat 18-35 £ ; 12h-14h30 et 18h-23h lun-ven, 12h30-15h30 et 18h-23h sam, 12h30-15h30 et 18h-22h30 dim ; St James's Park)

Cafe Murano

ITALIEN ££

16 PLAN P. 54, B2

Ce superbe restaurant animé possède un cadre modeste, mais avec une carte nord-italienne aussi sublime, inutile d'être tape-à-l'œil. Les *linguini* au homard, la poitrine de porc et le cabillaud avec moules et fenouil marin sont des merveilles culinaires. (020-3371 5559 ; www.cafemurano.co.uk ; 33 St James's St, SW1 ; plats 18-25 £, menu de 2/3 plats 19/23 £ ; 12h-15h et 17h30-23h lun-sam, 11h30-16h dim ; Green Park)

Prendre un verre

Dukes London

BAR À COCKTAILS

17 PLAN P. 54, B2

Sirotez un délicieux martini dans une ambiance digne d'un club de gentlemen. Dans ce bar classique dissimulé, les serveurs en veste blanche préparent des cocktails incroyablement bons. Ian Fleming fréquentait l'établissement, peut-être y perfectionnait-il la maxime de James Bond "au shaker, pas à la cuiller". Les fumeurs pourront allumer un cigare acheté ici dans le Cognac and Cigar Garden. (020-7491 4840 ; www.dukeshotel.com/dukes-bar ; Dukes Hotel, 35 St James's Pl, SW1 ; 14h-23h lun-sam, 16h-22h30 dim ; ; Green Park)

Rivoli Bar

BAR À COCKTAILS

18 PLAN P. 54, B2

Vous n'aurez pas forcément besoin d'un diamant aussi gros que le Ritz pour prendre un verre dans cette merveille Art déco, mais presque. Bois de camphrier, luminaires Lalique, dômes dorés et fabuleux cocktails, ce bar est un bijou. Contrairement à d'autres espaces du palace, le Rivoli accepte les tenues de ville. (020-7300 2340 ; www.theritzlondon.com/rivoli-bar ; Ritz London, 150 Piccadilly, W1 ; 11h30-23h30 lun-sam, 12h-22h30 dim ; ; Green Park)

Shopping

Paxton & Whitfield

ALIMENTATION

19 PLAN P. 54, C1

Détentrice de 2 mandats royaux, cette boutique à la devanture noir et or offrant un étourdissant éventail de fromages fut d'abord une modeste échoppe d'Aldwych en 1742. Il y a des fromages pour tous les goûts, à pâte molle et dure, ainsi que du bleu et d'autres à croûte lavée. (020-7930 0259 ; www.paxtonandwhitfield.co.uk ; 93 Jermyn St, W1 ; 10h-18h30 lun-sam, 11h-17h dim ; Piccadilly Circus, Green Park)

Taylor of Old Bond Street

BEAUTÉ

20 PLAN P. 54, B2

Depuis le milieu du XIXe siècle, cette boutique pour "gentlemen soignés" propose tous les rasoirs, blaireaux et savons à barbe imaginables – sans parler des huiles, savonnettes et autres produits pour le bain. (020-7930 5544 ; www.tayloroldbondst.co.uk ; 74 Jermyn St, SW1 ; 9h-18h lun-sam ; Green Park, Piccadilly Circus)

Promenade à pied

De la Tour de Londres à la Tate Modern

Démarrant devant l'un des plus anciens sites de Londres, cet itinéraire emprunte le superbe Tower Bridge traversant la Tamise, avant de longer le fleuve en direction de l'ouest. En chemin, il offre d'excellents points de vue et laisse découvrir l'architecture moderne, l'histoire et le Shakespeare's Globe. Il s'achève parmi les œuvres réputées de la Tate Modern.

La promenade

Départ Tour de Londres ; Tower Hill

Arrivée Tate Modern ; Blackfriars

Distance 3 km

Durée 1 heure 30

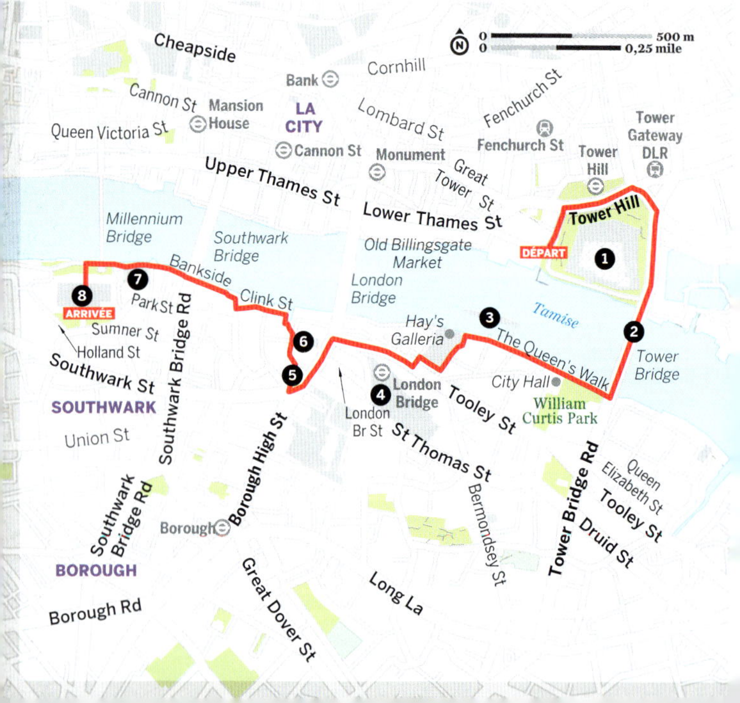

❶ Tour de Londres

Dominant la Tamise, la Tour de Londres (p. 112) jouit d'un emplacement spectaculaire. Admirez le gros diamant Koh-i-Noor, l'impressionnante tour Blanche et suivez un Yeoman Warder (gardien) lors d'une visite instructive.

❷ Tower Bridge

Empruntez ce pont orné du XIXe siècle – traversé quotidiennement par plus de 40 000 personnes – pour rejoindre la rive sud de la Tamise.

❸ HMS Belfast

Suivez Queen's Walk vers l'ouest en passant devant le **City Hall** (⏲8h30-17h30 lun-ven), que certains nomment la "tour de pizzas penchée". Amarré un peu plus loin, le *HMS Belfast* (p. 138), un croiseur léger qui servit notamment durant la Seconde Guerre mondiale est un musée flottant.

❹ Shard

Traversez le complexe commercial Hay's Galleria jusqu'à Tooley St pour voir le **Shard** (p. 139), conçu par l'architecte italien Renzo Piano. La vue depuis l'édifice le plus haut de l'Union européenne est incroyable, mais elle se paie cher.

❺ Borough Market

Continuez vers l'ouest dans Tooley St et descendez Borough High St pour remonter Stoney St jusqu'au Borough Market (p. 136), qui déborde de délicieux produits du jeudi au samedi. Pour boire une bière, poursuivez dans Stoney St jusqu'au **Rake.** (☎020-7407 0557 ; 14A Winchester Walk, SE1 ; ⏲12h-23h lun-jeu, 11h-23h ven, 10h-23h sam, 12h-22h dim ; ⊖London Bridge)

❻ Cathédrale de Southwark

La cathédrale de Southwark (p. 137), fascinante et relaxante, compte parmi ses pièces maîtresses un charmant buffet élisabéthain et une icône de Jésus. Certaines parties de l'église datent du Moyen Âge.

❼ Shakespeare's Globe

Prenez vers l'ouest dans Clink St – passez les vestiges du Winchester Palace – jusqu'à atteindre Bankside et le Shakespeare's Globe (p. 136). Suivez l'une des visites si vous avez le temps.

❽ Tate Modern

À l'ouest du Shakespeare's Globe se trouvent le Millennium Bridge (p. 138) et la remarquable galerie d'art moderne et contemporain, la Tate Modern (p. 130).

✕ Une petite pause ?

Les vendredis et samedis, achetez à emporter à l'un des nombreux stands du **Borough Market**. Les autres jours, direction l'**Arabica Bar & Kitchen** (p. 142) pour une merveilleuse cuisine moyenne-orientale contemporaine.

THE NATIONAL GALLERY

Explorer

National Gallery et Covent Garden

Au centre du West End – le cœur géographique, culturel et social de Londres –, le quartier entourant la National Gallery et Covent Garden est un haut lieu touristique. C'est la zone la plus animée de la ville, avec ses monuments historiques, ses restaurants chics, ses théâtres renommés et ses pubs, sans oublier ses innombrables boutiques.

Commencez par la National Gallery (p. 66). Trafalgar Square (p. 72) est idéal pour une pause avec vue, et la National Portrait Gallery (p. 72), non loin, renferme de remarquables œuvres. Vous pourrez prendre votre déjeuner dans son splendide restaurant Portrait (p. 78). Faites une promenade en longeant The Strand vers l'est, et profitez-en pour regarder les vitrines de Covent Garden Piazza (p. 74) et les artistes de rue. Le London Transport Museum (p. 73) est très intéressant, surtout avec des enfants. Prenez l'ascenseur jusqu'au 5th View (p. 76) dans Piccadilly, ou faites la queue pour les tapas du Barrafina (p. 76). Pour prendre un verre, rendez-vous au Lamb & Flag (p. 80) ou au Gordon's Wine Bar (p. 80). Autre option, achetez des places pour une comédie musicale, une pièce ou un opéra pour terminer la soirée.

Comment y aller et circuler

⊖ Piccadilly Circus, Leicester Sq et Covent Garden (Piccadilly Line) ou Leicester Sq, Charing Cross et Embankment (Northern Line).

Plan de Covent Garden p. 70

Trafalgar Square (p. 72) ALICE-PHOTO/SHUTTERSTOCK ©

Les incontournables

National Gallery

Avec quelque 2 300 tableaux européens, la collection figure parmi les plus riches au monde. Elle réunit des œuvres phares réalisées entre le milieu du XIIIe siècle et le début du XXe siècle, notamment des toiles de Léonard de Vinci, Michel-Ange, Titien, Van Gogh et Renoir.

PLAN P. 70, E6

020-7747 2885

www.nationalgallery.org.uk

Trafalgar Sq, WC2

entrée libre

10h-18h sam-jeu, 10h-21h ven

Charing Cross

Aile Sainsbury

L'aile Sainsbury (1260-1510) présente de nombreuses peintures religieuses, ainsi que des chefs-d'œuvre plus surprenants, comme *Vénus et Mars* de Botticelli. *La Vierge aux rochers de* Léonard de Vinci (salle 66) est un chef-d'œuvre visuel et technique.

Ailes ouest et nord

Des œuvres de la haute Renaissance (1500-1600) occupent l'aile ouest où dominent Michel-Ange, Titien, Raphaël, le Corrège, Le Greco et Bronzino. Rubens, Rembrandt et le Caravage ornent l'aile nord (1600-1700). Remarquez les deux autoportraits de Rembrandt (à 34 ans en salle 24 et à 63 ans en salle 23) et la belle *Vénus au miroir de* Vélasquez (salle 30).

Aile est

L'aile est (1700-1900) présente des œuvres d'artistes britanniques tels Gainsborough, Constable et Turner, et des chefs-d'œuvre impressionnistes et postimpressionnistes de Van Gogh, Renoir et Monet.

Rain, Steam and Speed : the Great Western Railway

Salle 34, cette huile sur toile de Turner (*Pluie, vapeur et vitesse : le grand chemin de fer de l'Ouest*, 1844) qui représente le pont de chemin de fer de Maidenhead dépeint les transformations de l'époque : le chemin de fer, la vitesse et une réinterprétation de l'utilisation de la lumière, de l'atmosphère et de la couleur dans l'art. Cherchez le lièvre qui court.

Les Tournesols

Salle 45 figure l'un des divers tournesols peints par Van Gogh fin 1888 ; ce chef-d'œuvre présente plusieurs techniques artistiques innovantes pour l'époque, tandis que l'éclat de la couleur traduit un puissant sentiment d'affirmation.

★ À savoir

- Des visites guidées gratuites partent du guichet d'information de l'aile Sainsbury, tous les jours à 11h30 et 14h30, et à 19h le vendredi.
- L'audioguide (4 £) complet est vivement recommandé.
- Des circuits et des activités sont proposés pour les enfants.
- La National Gallery est ouverte jusqu'à 21h le vendredi.

Une petite faim ?

Le restaurant de la galerie, le **National Dining Rooms** (10h-17h30 sam-jeu, jusqu'à 20h30 ven ; plats 14,50-21 £) sert un copieux mais onéreux County Menu renouvelé chaque mois.

Sur place également, le **National Cafe** (8h-22h lun-ven, 9h-19h sam et dim ; formule déj de 2/3 plats 17/21 £) propose des repas légers et son propre bistrot.

Promenade bohème dans Soho

Si Soho se révèle le soir, le jour réserve d'autres surprises : laissez-vous charmer par son côté bohème, son amour des livres, sa vitalité, sa diversité, l'histoire de son architecture et son énergie créative. Depuis Chinatown, traversez les ruelles captivantes, les places raffinées et les marchés de rue jusqu'aux bars emblématiques du quartier.

La promenade

Départ Chinatown ; ⊖ Leicester Sq

Arrivée French Hose Soho ; ⊖ Leicester Sq ou Piccadilly Circus

Distance 2 km

Durée 3 à 6 heures

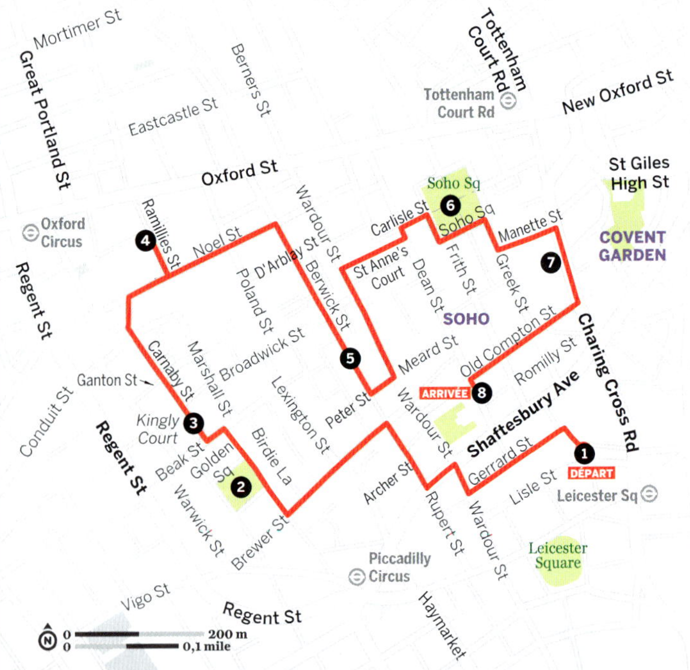

❶ Explorer Chinatown

Lisle St et Gerrard St sont le point de rendez-vous de la communauté chinoise de Londres. C'est un mélange compact de supermarchés et d'échoppes spécialisées dans le canard laqué ou les *dim sums*.

❷ Se détendre à Golden Square

Au nord de Brewer St, l'historique Golden Square appartenait autrefois au quartier de Windmill Fields. Cette ravissante place du XVIIe siècle est très certainement l'œuvre de sir Christopher Wren ; le jardin en son centre est un endroit idéal où se reposer sur un banc.

❸ Écumer les boutiques de mode de Carnaby Street

Avec ses jolies façades colorées, la piétonne Carnaby St (et les rues où elle débouche comme Great Marlborough St) est le paradis des marques et des boutiques de créateurs : MAC, Miss Sixty, Levi's ou North Face y sont représentés et la foule est toujours au rendez-vous.

❹ Photographers' Gallery

La fantastique **Photographers' Gallery** (16-18 Ramillies St, W1 ; adulte/enfant 4 £/gratuit ; ⏲10h-18h lun-sam, jusqu'à 20h jeu, 11h-18h dim) possède 5 niveaux d'exposition, un café et une boutique débordant de photos et de livres de photographies.

❺ Préparer son pique-nique au Berwick Street Market

Présent depuis la fin du XVIIIe siècle, **Berwick Street Market** (⏲9h-18h lun-sam) est l'endroit idéal pour composer un pique-nique. La photo de la pochette de l'album d'Oasis *(What's the Story) Morning Glory?* a été prise dans cette rue.

❻ Faire halte à Soho Square

Suivez la minuscule St Anne's Ct jusqu'à Dean St (Karl Marx et sa famille y ont vécu entre 1851 et 1856, au n°28). Vous débouchez sur Soho Square, place où les Londoniens viennent se prélasser au soleil en été.

❼ Chiner chez Foyles

Foyles (⏲9h30-21h lun-sam, 11h30-18h dim), la légendaire librairie de Londres, installée dans de nouveaux locaux depuis 2014, est encore plus agréable qu'avant. Elle accueille **Grant & Cutler** (⏲9h30-21h lun-sam, 11h30-18h dim), plus grande librairie de livres en langues étrangères du pays et un charmant café.

❽ Déguster un verre de vin au French House

Descendez Old Compton St jusqu'au bar **French House Soho** (⏲12h-23h lun-sam, 22h30 dim) qui était le point de rendez-vous des Forces françaises libres pendant la Seconde Guerre mondiale. Le général de Gaulle y serait venu plusieurs fois.

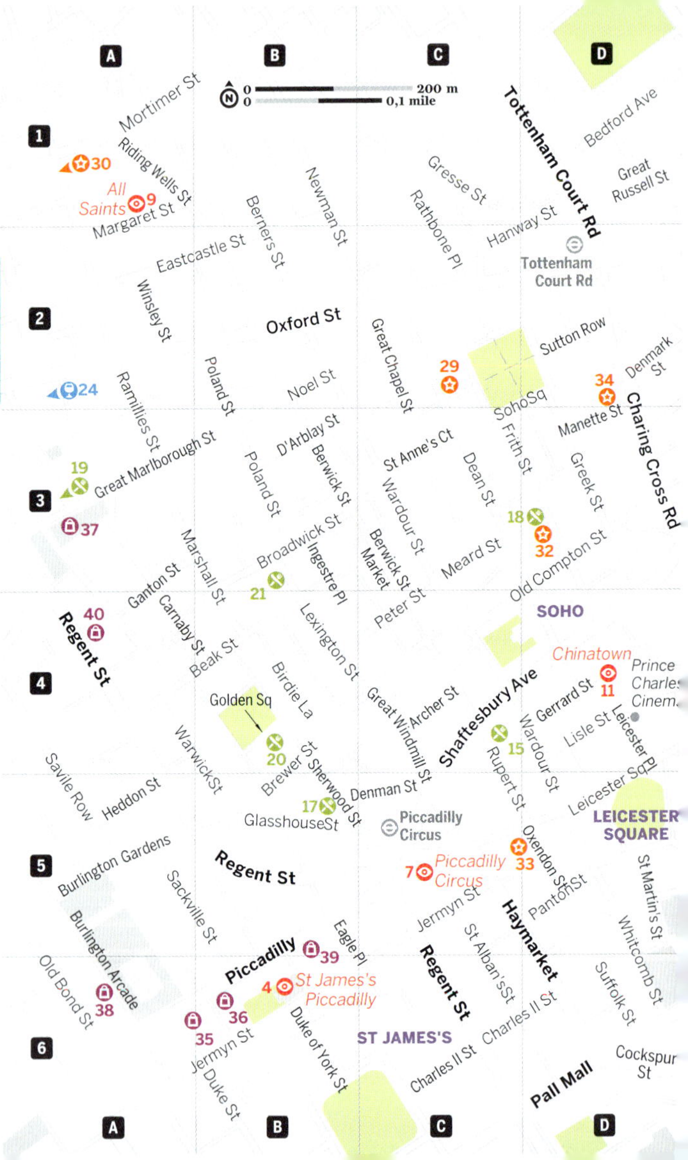
A
B
C
D
1
2
3
4
5
6
0 200 m
0 0,1 mile
Mortimer St
Riding Wells St
30
All Saints
9
Margaret St
Eastcastle St
Berners St
Newman St
Gresse St
Rathbone Pl
Hanway St
Tottenham Court Rd
Tottenham Court Rd
Bedford Ave
Great Russell St
Winsley St
Oxford St
Great Chapel St
Sutton Row
Denmark St
24
Ramillies St
Poland St
Noel St
29
Soho Sq
34
Manette St
Charing Cross Rd
19
Great Marlborough St
D'Arblay St
Berwick St
Poland St
St Anne's Ct
Dean St
Frith St
Greek St
37
Marshall St
Broadwick St
Ingestre Pl
Wardour St
Berwick St Market
Meard St
18
32
Old Compton St
Ganton St
21
Peter St
40
Regent St
Carnaby St
Beak St
Lexington St
SOHO
Chinatown
11
Prince Charles Cinema
Golden Sq
Birdie La
Great Windmill St
Archer St
Shaftesbury Ave
Gerrard St
Lisle St
Leicester Pl
Warwick St
20
Brewer St
Sherwood St
15
Rupert St
Wardour St
Leicester Sq
Savile Row
Heddon St
17
Denman St
Glasshouse St
Piccadilly Circus
LEICESTER SQUARE
Burlington Gardens
Regent St
7
Piccadilly Circus
33
Oxendon St
Panton St
St Martin's St
Sackville St
Jermyn St
Burlington Arcade
Piccadilly
39
Eagle Pl
Haymarket
St Alban's St
Whitcomb St
Old Bond St
38
4
St James's Piccadilly
Regent St
Suffolk St
36
35
Charles II St
Jermyn St
Duke of York St
ST JAMES'S
Charles II St
Cockspur St
Duke St
Pall Mall

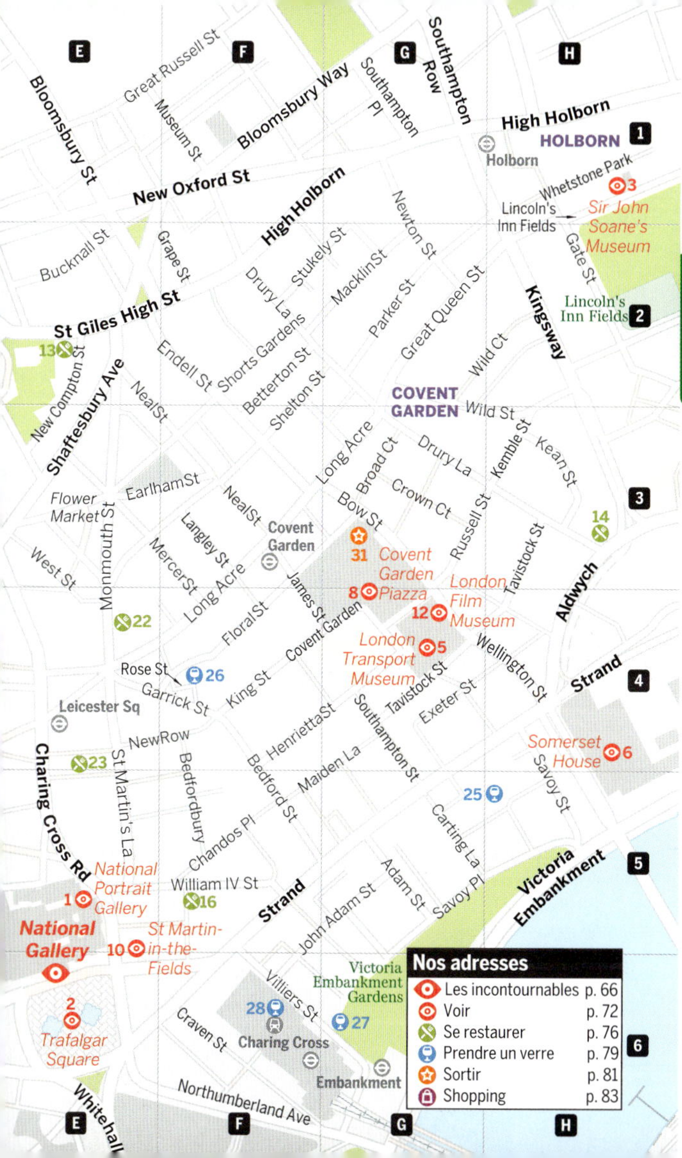
E
F
G
H
1
2
3
4
5
6
Great Russell St
Bloomsbury St
Museum St
Bloomsbury Way
Southampton Pl
Southampton Row
High Holborn
HOLBORN
Holborn
Whetstone Park
3
Sir John Soane's Museum
Lincoln's Inn Fields
Gate St
Lincoln's Inn Fields
New Oxford St
High Holborn
Newton St
Bucknall St
Grape St
Drury La
Stukely St
Macklin St
Parker St
Great Queen St
Kingsway
St Giles High St
13
New Compton St
Shaftesbury Ave
Endell St
Shorts Gardens
Betterton St
Shelton St
Wild Ct
COVENT GARDEN
Wild St
Neal St
Kemble St
Kean St
Long Acre
Broad Ct
Drury La
Crown Ct
Bow St
Flower Market
Earlham St
Neal St
Covent Garden
Langley St
Mercer St
Long Acre
31
Covent Garden Piazza
8
Russell St
London Film Museum
12
Tavistock St
14
Aldwych
West St
Monmouth St
James St
Floral St
Covent Garden
22
London Transport Museum
5
Wellington St
Strand
Rose St
26
Garrick St
King St
Tavistock St
Exeter St
Leicester Sq
New Row
Henrietta St
Southampton St
Somerset House
6
Savoy St
Charing Cross Rd
23
St Martin's La
Bedfordbury
Bedford St
Maiden La
25
Chandos Pl
Carting La
National Portrait Gallery
1
William IV St
16
Adam St
Savoy Pl
Victoria Embankment
Strand
John Adam St
National Gallery
St Martin-in-the-Fields
10
Victoria Embankment Gardens
2
Trafalgar Square
Villiers St
28
27
Craven St
Charing Cross
Embankment
Northumberland Ave
Whitehall
Nos adresses
Les incontournables p. 66
Voir p. 72
Se restaurer p. 76
Prendre un verre p. 79
Sortir p. 81
Shopping p. 83

Voir

National Portrait Gallery

MUSÉE

1 PLAN P. 70, E5

La National Portrait Gallery est captivante car elle semble familière ; bien souvent, nous connaissons le sujet (rois, reines, scientifiques, politiciens, célébrités) ou l'artiste (Andy Warhol, Annie Leibovitz, Lucian Freud) sans forcément reconnaître son visage. Parmi les œuvres les plus connues, citons le *Portrait Chandos* de William Shakespeare, première acquisition du musée en 1856, qui serait l'unique portrait du dramaturge peint de son vivant, et un émouvant portrait au crayon de l'auteure Jane Austen réalisé par sa sœur. (020-7321 0055 ; www.npg.org.uk ; St Martin's Pl, WC2 ; entrée libre ; 10h-18h sam-mer, 21h ven ; Charing Cross, Leicester Sq)

Trafalgar Square

PLACE

2 PLAN P. 70, E6

Trafalgar Square représente véritablement le centre de Londres. C'est la place de tous les rassemblements, où se réunissent des milliers de fêtards pour le Nouvel An et où convergent tous les habitants pour les célébrations de Noël ou les manifestations politiques. Elle est dominée par la **colonne Nelson** de 52 m et entourée de superbes édifices, tels que la National Gallery (p. 66) et l'église St Martin-in-the-Fields (p. 74). (Charing Cross)

Sir John Soane's Museum

MUSÉE

3 PLAN P. 70, H1

Ce petit musée est l'un des plus captivants de la ville. Il fut la demeure envoûtante de l'architecte sir John Soane (1753-1837), qui l'a laissée en l'état, débordant d'une vaste collection architecturale et archéologique, ainsi que d'intrigants objets personnels. Le musée témoigne de ses goûts exquis et excentriques. (020-7405 2107 ; www.soane.org ; 12 Lincoln's Inn Fields, WC2 ; entrée libre ; 10h-17h mer-dim ; Holborn)

St James's Piccadilly

ÉGLISE

4 PLAN P. 70, B6

Unique église (1684) entièrement conçue par Christopher Wren et l'une des rares à être bâtie sur un nouvel emplacement (la plupart des églises de Londres ont remplacé celles détruites lors du grand incendie), dans cet édifice simple, Wren a délaissé les habituelles fioritures de ses plus célèbres églises en faveur de la chaleur et de l'élégance. Les fonts baptismaux, dont le pied représente Adam et Ève, et le retable de l'autel sont de Grinling Gibbons. (020-7734 4511 ; www.sjp.org.uk ; 197 Piccadilly, W1 ; 8h-20h ; Piccadilly Circus)

Fourth Plinth Project

Trois des quatre socles situés aux angles de Trafalgar Square supportent d'éminents personnages : le roi George IV à cheval et des militaires, le général sir Charles Napier et le major général sir Henry Havelock. Le dernier, prévu à l'origine pour accueillir la statue de Guillaume IV, est resté vacant pendant plus de 150 ans. En 1999, la Royal Society of Arts créa la Fourth Plinth Commission et décida de dédier cet espace à des œuvres d'artistes contemporains. Les œuvres, exposées pendant 18 mois dans "le plus petit parc de sculptures du monde", sont toujours amusantes et provocatrices, créant un contraste volontaire avec le cadre majestueux de Trafalgar Square.

London Transport Museum MUSÉE

5 PLAN P. 70, G4

Amusant et instructif, ce musée retrace le développement de Londres par l'amélioration des transports. Il abrite des omnibus hippomobiles, les premiers taxis, des métros que l'on peut conduire, un aperçu détaillé du Crossrail (une nouvelle ligne de 120 km reliant Reading à Essex)... Commencez au niveau 2 et ne manquez pas la boutique qui propose des souvenirs originaux : affiches historiques du métro, chaussettes "Mind the Gap" et t-shirts "Way Out". (020-7379 6344 ; www.ltmuseum.co.uk ; Covent Garden Piazza, WC2 ; adulte/enfant 17,50 £/gratuit ; 10h-18h tlj ; Covent Garden)

Somerset House ÉDIFICE HISTORIQUE

6 PLAN P. 70, H4

Conçue par William Chambers en 1775 pour les services gouvernementaux et les sociétés royales, la Somerset House abrite désormais plusieurs galeries fabuleuses. Dans l'aile nord, près de l'entrée du Strand, la **Courtauld Gallery** (http://courtauld.ac.uk ; adulte/enfant 8 £/gratuit ; 10h-18h) renferme de nombreuses œuvres du XIVe au XXe siècle, dont des chefs-d'œuvre de Rubens, Botticelli, Cézanne, Degas, Renoir, Seurat, Manet, Monet, Léger et d'autres. Les **Embankment Galleries** dans l'aile sud sont consacrées aux expositions temporaires (photographie, design et mode principalement) ; tarifs et horaires variables. (020-7845 4600 ; www.somersethouse.org.uk ; The Strand, WC2 ; 10h-18h lun-mar et sam-dim, 11h-20h mer-ven ; Temple, Covent Garden)

Piccadilly Circus PLACE

7 PLAN P. 70, C5

Lorsqu'il a imaginé Regent St et Piccadilly dans les années 1820, John Nash souhaitait qu'elles soient

La Somerset House en fête

La cour de la Somerset House (p. 73) accueille une patinoire l'hiver et propose concerts et autres événements en été. Début août, le **Film 4 Summer Screen**, pendant lequel la grande cour se transforme en cinéma en plein air pour quinze jours, est particulièrement prisé, et il est vivement conseillé de réserver à l'avance. Derrière le bâtiment, un café doté d'une terrasse ensoleillée donne sur le quai.

les rues les plus élégantes de la ville. Contraint toutefois de se plier aux exigences des urbanistes, il dut abandonner certaines de ses ambitions. Nul doute qu'il serait surpris par ce qu'est aujourd'hui Piccadilly Circus : une place noyée sous un flot constant de voitures et de visiteurs, et illuminée par le scintillement des panneaux publicitaires. Un joyeux tintamarre ! (⊖Piccadilly Circus)

Covent Garden Piazza PLACE

8 ◎ PLAN P. 70, G4

Marché de gros des fruits et légumes de Londres jusqu'en 1974, c'est aujourd'hui principalement le domaine des touristes, venus faire des emplettes sous les pittoresques arcades, se restaurer dans les multiples cafés et restaurants, flâner parmi les éclectiques étals de marché, regarder les artistes de rue et visiter l'amusant London Transport Museum (p. 73).

La jolie **St Paul's Church** (☎020-7836 5221 ; www.actorschurch.org ; Bedford St, WC2 ; ⏲8h30-17h30 lun-ven, 9h-13h dim, horaires variables sam ; ⊖Covent Garden), érigée en 1633, borde le côté ouest de la place. (☎020-7836 5221 ; ⊖Covent Garden)

All Saints ÉGLISE

9 ◎ PLAN P. 70, A1

En 1859, l'architecte William Butterfield acheva l'un des plus beaux exemples anglais d'architecture néogothique. Un splendide pavement et de somptueux vitraux ornent la nef de 20 m de long. (☎020-7636 1788 ; www.allsaintsmargaretstreet.org.uk ; 7 Margaret St, W1 ; ⏲7h-19h ; ⊖Oxford Circus)

St Martin-in-the-Fields ÉGLISE

10 ◎ PLAN P. 70, E5

Cette église paroissiale royale est une exquise fusion des styles néoclassique et baroque. Conçue par James Gibbs, elle fut achevée en 1726 et servit de modèle pour de nombreuses églises en bois de Nouvelle-Angleterre. Elle est réputée pour ses excellents concerts de musique classique, souvent éclairés à la bougie (9-30 £), et ses liens étroits avec la communauté chinoise (services en anglais, mandarin et cantonais). (☎020-7766 1100 ; www.stmartin-in-the-fields.org ; Trafalgar Sq, WC2 ;

8h-18h lun-ven, 9h18h sam et dim ; Charing Cross)

Chinatown

QUARTIER

11 PLAN P. 70, D4

Juste au nord de Leicester Square – mais à l'atmosphère bien différente – Lisle St et Gerrard St sont le point de convergence de la communauté chinoise de Londres. Ce quartier chinois, bien que plus modeste que dans d'autres grandes villes internationales (il ne compte que deux rues), est animé et doté de portes orientales, de panneaux en chinois, de lanternes rouges, de restaurants, d'échoppes de nouilles et d'excellents supermarchés et boutiques de souvenirs asiatiques. La qualité de la cuisine est variable, mais le choix d'établissements de *dim sums* et autres cuisines asiatiques est large. (www.chinatownlondon.org ; Leicester Sq)

London Film Museum

MUSÉE

12 PLAN P. 70, G4

L'attraction star de ce musée, c'est son exposition *Bond In Motion*. Vous resterez admiratif devant la plus grande collection officielle de voitures de 007, notamment la Lotus Esprit submersible *(L'espion qui m'aimait)*, l'emblématique Aston Martin DB5, la Rolls Royce Phantom III de Goldfinger, l'Aston Martin V8 de Timothy Dalton *(Tuer n'est pas jouer)* et plusieurs voitures de Daniel Craig dans *Spectre*. Audioguide : 5 £. (020-7836 4913 ; www.londonfilmmuseum.com ; 45 Wellington St, WC2 ; adulte/enfant 14,50/9,50 £ ; 10h-18h tlj ; Covent Garden)

Covent Garden Market

PETR KOVALENKOV/SHUTTERSTOCK ©

Se restaurer

Kanada-Ya

NOUILLES £

13 PLAN P. 70, E2

Sans réservation, l'attente risque d'être longue devant cette minuscule cantine extrêmement fréquentée, où 3 types de nouilles *ramen* cuisinées en *tonkotsu* (bouillon à l'os de porc) sont servis dans des bols bouillants d'un délicieux bouillon et d'authentiques saveurs. Sert aussi des *onigiri* (boulettes de riz enveloppées dans des algues séchées ; 2 £). (020-7240 0232 ; www.kanada-ya.com ; 64 St Giles High St, WC2 ; plats 10,50-14 £ ; 12h-15h et 17h-22h30 lun-sam, 12h-20h30 dim ; Tottenham Court Rd)

Delaunay

BRASSERIE ££

14 PLAN P. 70, H3

Cette élégante brasserie au sud-est de Covent Garden est une sorte d'hybride franco-allemand, où les *schnitzels* et les *wieners* côtoient les croque-monsieur et la choucroute alsacienne. Le **Counter at the Delaunay** adjacent est encore plus décontracté. (020-7499 8558 ; www.thedelaunay.com ; 55 Aldwych, WC2 ; plats 7,50-35 £ ; 7h-23h lun-ven, 8h-23h sam, 9h-22h dim ; ; Temple, Covent Garden)

Palomar

ISRAÉLIEN ££

15 PLAN P. 70, C4

L'ambiance animée de cette belle adresse qui célèbre la cuisine contemporaine de Jérusalem (dans toutes ses déclinaisons) est contagieuse, mais le bruit dans la salle arrière peut être pesant. Préférez les places au comptoir à l'avant. Le pâté de foie de volaille "Yiddish-style", la polenta façon Jérusalem et l'"octo-hummus" sont fantastiques. Petites portions, mieux vaut partager plusieurs plats. (020-7439 8777 ; http://thepalomar.co.uk ; 34 Rupert St, W1 ; plats 9-17 £ ; 12h-14h30 et 17h30-23h lun-sam, 12h30-15h30 et 18h-21h dim ; ; Piccadilly Circus)

Barrafina

ESPAGNOL ££

16 PLAN P. 70, F5

Comme il n'est pas possible de réserver, préparez-vous : vous risquez d'attendre près d'une heure dans ce restaurant qui sert des tapas parmi les meilleures de la ville. De divines bouchées qui valent votre patience : fleur de courgette farcie (7,80 £), oreilles de cochon de lait (6,80 £), ou encore toast de crabe (8 £)... (020-7440 1456 ; www.barrafina.co.uk ; 10 Adelaide St, WC2 ; tapas 6,50-15,80 £ ; 12h-15h et 17h-23h lun-sam, 13h-15h30 et 17h30-22h dim ; Embankment, Leicester Sq)

5th View

INTERNATIONAL ££

La vue sur Westminster au dernier étage de Waterstones, dans Piccadilly, n'est qu'un début. Une élégante salle décontractée (voir 39 Plan p. 70, B5) et une bonne cuisine composent ce joyau. Nous aimons les mezze et les plateaux d'antipasti (15,50 £) à partager et la formule déjeuner (2/3 plats 16,95/19,95 £, avec verre de vin). (020-7851 2433 ; www.5thview.co.uk ; 5e ét, Waterstone's Piccadilly, 203-206 Piccadilly, W1 ; plats à partir de 8,50 £ ; 9h-21h30 lun-sam, 12h-17h dim ; Piccadilly Circus)

Brasserie Zédel

FRANÇAIS ££

17 PLAN P. 70, B5

Située dans la salle de bal Art déco rénovée d'un ancien hôtel, voici la plus française des brasseries à l'ouest de Calais. Parmi nos favoris : choucroute alsacienne (15,50 £) ou steak haché avec sauce au poivre et frites (9,75 £). Menus fixes (9,95/13,25 £ pour 2/3 plats) et plats du jour (15,75 £) d'un excellent rapport qualité/prix dans un cadre superbe. (020-7734 4888 ; www.brasseriezedel.com ; 20 Sherwood St, W1 ; plats 9,75-25,75 £ ; 11h30-minuit lun-sam, 11h30-23h dim ; ; Piccadilly Circus)

Koya Bar

JAPONAIS £

18 PLAN P. 70, D3

Pour ne pas attendre, arrivez tôt dans ce restaurant japonais, décontracté mais excellent, avec places au comptoir. Les Londoniens viennent pour les authentiques nouilles *udon* (servies chaudes ou froides, en soupe ou avec une sauce froide), le service efficace et les prix très raisonnables. Les *saba udon* garnies de morceaux de maquereau fumé et de cresson sont excellentes. (www.koya.co.uk ; 50 Frith St, W1 ; plats 7-15 £ ; 8h30-22h30 lun-mer, 8h30-23h jeu-ven, 9h30-23h sam, 9h30-22h dim ; Tottenham Court Rd, Leicester Sq)

Brasserie Zédel

Le West End sans se ruiner

Londres, et le West End en particulier, peut se révéler une destination onéreuse, mais il existe de nombreuses astuces pour les petits budgets. Beaucoup de grands musées étant gratuits, préférez-les aux curiosités plus commerciales. Le West End est un quartier peu étendu : déplacez-vous à pied, en bus (moins cher que le métro) ou sur un vélo **Santander Cycle** (0343 222 6666 ; www.tfl.gov.uk/modes/cycling/santander-cycles). Enfin, sortez de bonne heure : la plupart des bars proposent l'happy hour jusqu'à 20h ou 21h.

Portrait
EUROPÉEN MODERNE £££

Ce restaurant (voir 1 Plan p. 70, E5) superbement situé, au-dessus de l'excellente National Portrait Gallery (p. 72), offre une vue splendide sur Trafalgar Square et Westminster. Une bonne adresse à la cuisine appétissante, parfaite pour se détendre après une matinée ou un après-midi au musée. Le petit-déjeuner/brunch (10h-11h) et l'*afternoon tea* (15h30-16h30) sont vivement recommandés. Réservation conseillée. (020-7312 2490 ; www.npg.org.uk/visit/shop-eat-drink.php ; 3e ét, National Portrait Gallery, St Martin's Pl, WC2 ; plats 19,50-28 £, menu 2/3 plats 28/31,50 £ ; 10h-16h30 tlj, 17h30-20h30 jeu-sam ; ; Charing Cross)

Claridge's Foyer & Reading Room
BRITANNIQUE £££

19 PLAN P. 70, A3

L'*afternoon tea* dans le vestibule et la Reading Room Art déco de ce grand hôtel, où porcelaine fine et verres de champagne tintent dans une ambiance guindée, peut constituer un souvenir majeur d'un séjour à Londres. Le cadre est splendide et le dress-code décontracté mais élégant (pas de jeans troué, ni de casquette). (020-7107 8886 ; www.claridges.co.uk ; 49-53 Brook St, W1 ; *afternoon tea* 60 £, avec champagne 70 £ ; *afternoon tea* 14h45-17h30 ; ; Bond St)

Nordic Bakery
SCANDINAVE £

20 PLAN P. 70, B4

Sur une charmante place en retrait de l'agitation ambiante, un endroit tout en boiseries, parfait pour se détendre à l'écart de l'effervescence chaotique de Soho. Au déjeuner : sandwichs scandinaves au poisson fumé ou aux boulettes de viande (4,50 £) ou salade de betteraves au chèvre. L'après-midi, accompagnez votre thé ou café de délicieux cookies à l'avoine. (020-3230 1077 ; www.nordicbakery.com ; 14a Golden Sq, W1 ; en-cas 4-6 £ ; 7h30-20h lun-ven, 8h30-19h sam, 9h-19h dim ; ; Piccadilly Circus)

Mildreds

VÉGÉTARIEN £

21 PLAN P. 70, B3

Restaurant végétarien le plus inventif de Central London, Mildreds est bondé au déjeuner, n'hésitez pas à partager une table dans la salle lumineuse. Au menu : curry sri-lankais de patate douce et noix de cajou, *tortellini* ricotta et truffe, mezzes, salades merveilleusement exotiques (et copieuses) et délicieux plats sautés. Options véganes et sans gluten. (020-7484 1634 ; www.mildreds.co.uk ; 45 Lexington St, W1 ; plats 7-12 £ ; 12h-23h lun-sam ; ; Oxford Circus, Piccadilly Circus)

Dishoom

INDIEN £

22 PLAN P. 70, E4

Cette succursale d'une petite chaîne florissante redonne vie au café iranien de Bombay de plus en plus rare. Dans un cadre suranné (ventilateurs au plafond, vieux miroirs et photos sépia), agrémenté d'une touche moderne, on déguste de délicieuses spécialités comme le *chiche-kebab* et le *chicken ruby* épicé, des gombos frits et des en-cas tels que le *bhel* (Bombay mix et riz soufflé avec grenade, oignon, citron vert et menthe).

Pour réserver : jusqu'à 17h45 pour moins de 6 personnes, après pour les plus grands groupes. Pas de réservation pour le jour même. (020-7420 9320 ; www.dishoom.com ; 12 Upper St Martin's Lane, WC2 ; plats 5,50-11,20 £ ; 8h-23h lun-jeu, 8h-minuit ven, 9h-minuit sam, 9h-23h dim ; ; Covent Garden)

J Sheekey

FRUITS DE MER £££

23 PLAN P. 70, E4

Véritable bijou de raffinement, ce restaurant, qui date de la fin du XIXe siècle, comprend quatre salles calmes et spacieuses décorées d'élégantes boiseries, où l'on déguste toutes les richesses de la mer, délicatement préparées. Le déjeuner de 3 plats le week-end coûte 28,75 £.

L'**Atlantic Bar** (12-minuit lun-sam, dès 17h dim), fréquenté par les spectateurs des théâtres pour ses huîtres et coquillages, est aussi fantastique. (020-7240 2565 ; www.j-sheekey.co.uk ; 28-32 St Martin's Ct, WC2 ; plats 17,50-44 £ ; 12h-15h et 17h-minuit lun-sam, 12h-15h30 et 17h30-22h30 dim ; ; Leicester Sq)

Prendre un verre

The American Bar

BAR

24 PLAN P. 70, A2

Sirotez un bourbon ou un cocktail dans le cadre Art déco des années 1930 de l'élégant bar de l'hôtel Beaumont. Central et semblable à un club de gentlemen d'époque sans être guindé, The American Bar, âgé de quelques années seulement, semble exister depuis les années jazz. (www.thebeaumont.com/dining/american-bar ; The Beaumont, Brown Hart Gardens, W1 ; 11h30-minuit lun-sam, jusqu'à 23h dim ; ; Bond St)

Lamb & Flag

American Bar

BAR À COCKTAILS

25 PLAN P. 70, H5

Berceau du Hanky Panky, du White Lady et d'autres cocktails classiques créés ici, le très attrayant et élégant American Bar est une icône de Londres, avec ses lignes Art déco rouille et bleu pastel et son piano live. Cocktails de 17,50 à 5 000 £ (l'Original Sazerac, comprenant du cognac Sazerac de Forge de 1857). (020-7836 4343 ; www.fairmont.com/savoy-london/dining/americanbar ; The Savoy, The Strand, WC2 ; 11h30-minuit lun-sam, 12h-minuit dim ; Covent Garden)

Lamb & Flag

PUB

26 PLAN P. 70, F4

Pub du centre de Londres apprécié de tous, le petit Lamb & Flag déborde de charme et d'histoire. Il occupe l'emplacement d'un pub datant de 1772. Frayez-vous un passage parmi la foule toujours massée devant la porte. L'intérieur mêle cuivres et parquets qui grincent. (020-7497 9504 ; www.lambandflagcoventgarden.co.uk ; 33 Rose St, WC2 ; 11h-23h lun-sam, 12h-22h30 dim ; Covent Garden)

Gordon's Wine Bar

BAR

27 PLAN P. 70, G6

Éclairé à la bougie, le vaste et caverneux Gordon's (fondé en 1890) est victime de son succès – il est toujours bondé et il faut arriver avant les employés de bureau (vers 18h) pour espérer profiter d'une table. Une solide sélection de vins français et américains, enivrants et à prix raisonnables. Différents formats disponibles : verre, *beaker* (12 cl), *schooner* (15 cl) ou bouteille. On y trouve même une sélection de vins véganes ! (020-7930 1408 ; gordonswinebar.com ; 47 Villiers St, WC2 ; 11h-23h lun-sam, 12h-22h dim ; Embankment, Charing Cross)

Heaven CLUB, GAY

28 PLAN P. 70, F6

Toujours très prisé, ce célèbre club mixte/gay situé sous les voûtes de Charing Cross Station propose d'excellents concerts et des soirées club mémorables. Le lundi, la soirée Popcorn (soirée dansante mixte, ouverte à tous) est l'une des meilleures soirées club de la capitale en semaine. Les fêtes G-A-Y s'y déroulent les jeudis (G-A-Y Porn Idol), vendredis (G-A-Y Camp Attack) et samedis (G-A-Y classique). (heaven-live.co.uk ; Villiers St, WC2 ; 23h-5h lun, 23h-4h jeu et ven, 22h30-5h sam ; Embankment, Charing Cross)

Sortir

Pizza Express Jazz Club JAZZ

29 PLAN P. 70, C2

Pizza Express compte parmi les meilleures salles de jazz de Londres depuis son ouverture en 1969. L'emplacement, au sous-sol d'un restaurant de chaîne, est un peu étrange, mais l'endroit est très prisé. Beaucoup de grands noms s'y produisent et des artistes de renom tels que Norah Jones, Gregory Porter et Amy Winehouse s'y sont produits à leurs débuts. (020-7439 4962 ; www.pizzaexpresslive.com/venues/soho-jazz-club ; 10 Dean St, W1 ; 15-40 £ ; Tottenham Court Rd)

Wigmore Hall MUSIQUE CLASSIQUE

30 PLAN P. 70, A1

Datant de 1901, cette salle de concert demeure l'une des meilleures du monde pour la musique de chambre. C'est aussi l'une des plus dynamiques (plus de 400 événements par an) et

Cinéma bon marché dans le West End

Les places de cinéma à Leicester Square sont très chères, attendez donc que les films arrivent au **Prince Charles Cinema** (Plan p. 70, D4 ; www.princecharlescinema.com ; 7 Leicester Pl, WC2 ; tickets 5-16 £ ; Leicester Sq), le cinéma le moins cher du centre de Londres, où les nouveautés sont entre 9 et 11,50 £. Au programme également : minifestivals, séances de questions aux réalisateurs, classiques, marathons nocturnes, et délirantes séances de karaoké sur des films comme *La Reine des neiges*, *La Mélodie du bonheur* et l'aussi culte qu'excentrique *The Rocky Horror Picture Show* (16 £).

des plus appréciées de la ville, à la fois en raison de son acoustique exceptionnelle, de sa magnifique décoration Art nouveau et de la diversité de ses concerts, toujours de remarquable qualité. (www.wigmore-hall.org.uk ; 36 Wigmore St, W1 ; ⊖Bond St)

Royal Opera House

OPÉRA

31 ✪ PLAN P. 70, G3

À Londres, l'opéra classique jouit d'un cadre fantastique sur Covent Garden Piazza. Assister à un spectacle ici, c'est la promesse d'une soirée somptueuse – bien qu'onéreuse. Si la programmation s'est étoffée d'influences modernes, les principales attractions restent l'opéra et le ballet classique. Toutes les œuvres sont de merveilleuses productions avec des artistes de classe internationale. (☎020-7304 4000 ; www.roh.org.uk ; Bow St, WC2 ; billets 4-270 £ ; ⊖Covent Garden)

Ronnie Scott's

JAZZ

32 ✪ PLAN P. 70, D3

Ce club de jazz ouvert en 1965 s'est rapidement fait connaître comme le meilleur de Grande-Bretagne. La première partie est à 19h, le concert principal à 20h15 (20h le dimanche) et un second est proposé à 23h15 les vendredis et samedis (vérifiez à l'avance). Plus informel, le Late, Late Show clôt la soirée de 1h à 3h. 25 £ ; Late, Late Show et spectacle du dimanche midi : 10 £. (☎020-7439 0747 ; www.ronniescotts.co.uk ; 47 Frith St, W1 ; ⏲19h-3h lun-sam, 13h-16h et 20h-minuit dim ; ⊖Leicester Sq, Tottenham Court Rd)

Wigmore Hall (p. 81)

CHARLES BOWMAN/GETTY IMAGES ©

Comedy Store HUMOUR

33 PLAN P. 70, C5

C'est l'un des premiers (et toujours l'un des meilleurs) *comedy clubs* à avoir été créés à Londres. Les mercredis et dimanches soir, Comedy Store Players est le plus célèbre spectacle d'improvisation de la ville, avec la merveilleuse Josie Lawrence, présente depuis 20 ans. Les jeudis, vendredis et samedis, le *Best in Stand Up* accueille les meilleurs humoristes de Londres.

Ouverture à 18h30 ; spectacle à 20h. Billet de 8 £ pour King Gong (une scène ouverte tous les derniers lundis du mois) à 22,50 £ (meilleures places pour le Best in Stand Up le samedi). (0844 871 7699 ; www.thecomedystore.co.uk ; 1a Oxendon St, SW1 ; Piccadilly Circus)

Borderline SALLE DE CONCERT

34 PLAN P. 70, D2

Passez l'entrée dissimulée au fond d'Orange Yard et descendez au sous-sol pour trouver cette salle de 275 places qui mérite le détour. Ed Sheeran, REM, Blur, Counting Crows, PJ Harvey, Lenny Kravitz et Pearl Jam y ont tous joué, et de nombreux artistes indépendants s'y produisent. Le public est tout aussi éclectique, mais compte parfois des critiques musicaux et des chasseurs de têtes de maisons de disques.

Concerts (7-12 £) généralement à 19h du mardi au samedi, concert supplémentaire à 23h les vendredis et samedis. (020-7734 5547 ; borderline.london ; Orange Yard, près de Manette St, W1 ; Tottenham Court Rd)

Shopping

Fortnum & Mason GRAND MAGASIN

35 PLAN P. 70, A6

Avec sa couleur eau-de-Nil (vert pâle), "l'épicerie de la reine" établie en 1707 refuse de céder à la modernité. Le personnel – hommes et femmes – porte toujours une queue de pie à l'ancienne et le chic rayon alimentation propose paniers pique-nique, confitures, thés, cakes aux fruits de qualité supérieure, etc. Pour une expérience shopping typiquement londonienne. (020-7734 8040 ; www.fortnumandmason.com ; 181 Piccadilly, W1 ; 10h-21h lun-sam, 11h30-18h dim ; Piccadilly Circus)

Hatchards LIVRES

36 PLAN P. 70, B6

Détentrice de trois mandats royaux, la plus ancienne librairie de Londres date de 1797. Librairie remarquable désormais installée à Waterstones (détaillant de livres britannique), elle dispose d'une bonne réserve d'éditions signées et quantité d'ouvrages intéressants. Bon choix de premières éditions au rez-de-chaussée et événements littéraires réguliers. (020-7439 9921 ; www.hatchards.co.uk ; 187 Piccadilly, W1 ; 9h30-20h lun-sam, 12h-18h30 dim ; Green Park, Piccadilly Circus)

Liberty

GRAND MAGASIN

37 PLAN P. 70, A3

Mélange irrésistible de styles contemporains dans un bâtiment imitation Tudor (1875), ce grand magasin compte un immense rayon cosmétiques, un étage dédié aux accessoires et un superbe rayon lingerie, le tout à des prix exorbitants. Une écharpe en tissu Liberty demeure toutefois l'un des souvenirs classiques de Londres ! (020-7734 1234 ; www.liberty.co.uk ; Great Marlborough St, W1 ; 10h-20h lun-sam, 12h-18h dim ; Oxford Circus)

Penhaligon's

PARFUM

38 PLAN P. 70, A6

Un classique de la parfumerie britannique installé dans l'historique Burlington Arcade (p. 57). Les vendeurs vous demandent vos fragrances favorites, vous font découvrir les produits phares de la boutique et vous aident à dénicher de nouvelles senteurs dans leurs parfums traditionnels, d'intérieur et produits pour le bain et le corps. Tout est fabriqué en Angleterre. (020-7629 1416 ; www.penhaligons.com ; 16-17 Burlington Arcade, W1 ; 9h-18h30 lun-ven, 9h30-18h30 sam, 12h-18h dim ; Piccadilly Circus, Green Park)

Waterstones Piccadilly

LIVRES

39 PLAN P. 70, B5

Cette boutique de la chaîne de librairies est la plus grande librairie d'Europe. Personnel serviable et connaisseur. Lectures d'auteurs,

Hamleys

Regent Street

Belle frontière entre les clubbers décontractés de Soho et les élégantes gestionnaires de fonds spéculatifs de Mayfair perchées sur talons Gucci, Regent Street fut conçue par John Nash comme route cérémoniale reliant Carlton House, la résidence du prince régent démolie depuis longtemps, et la "nature" de Regent's Park. Nash duOt revoir son projet à la baisse et construire l'artère en suivant une courbe, mais Regent St est aujourd'hui une rue commerçante fréquentée, bordée de jolis édifices classés.

Hamleys, le premier magasin de jouets de Londres, en est l'enseigne phare. Regent St est aussi célèbre pour ses **illuminations de Noël**, qui sont allumées en grande pompe de plus en plus tôt (semble-t-il) chaque année, autour de la mi-novembre. La rue est fermée au trafic chaque dimanche en juillet pour les festivités du "Summer Streets".

dédicaces et débats fréquents. Occupant 8 niveaux, le magasin abrite un superbe bar-restaurant sur le toit, le 5th View (p. 76), et le Cafe W au sous-sol. (020-7851 2433 ; www.waterstones.com ; 203-206 Piccadilly, W1 ; 9h-21h30 lun-sam, 12h-17h dim ; Piccadilly Circus)

Hamleys

JOUETS

40 PLAN P. 70, A4

Autoproclamé le plus vieux (et le plus grand, d'après certains) magasin de jouets du monde, Hamleys s'est installé dans Regent St en 1881. Collection Star Wars au sous-sol, personnel soufflant des bulles et lançant des boomerangs en mousse avec nonchalance au rez-de-chaussée, Lego World et un café au 5e étage : cet endroit est un véritable paradis du jouet. (0371 704 1977 ; www.hamleys.com ; 188-196 Regent St, W1 ; 10h-21h lun-ven, 9h30-21h sam, 12h-18h dim ; Oxford Circus)

Explorer

British Museum et Bloomsbury

Le quartier littéraire de Bloomsbury apporte une touche de quiétude au centre de Londres. British Museum, British Library, maisons d'édition, pubs littéraires et squares georgiens : Bloomsbury est empreint de culture, mais une culture accessible à tous. Vous pourriez passer la journée au British Museum, mais le quartier recèle de nombreuses autres richesses, dont d'excellents pubs et restaurants.

Le British Museum (p. 88) est une attraction incontournable de Londres ; arrivez de bonne heure pour pouvoir lui consacrer le temps qu'il mérite. Vous aurez besoin d'au moins une matinée entière pour voir les fleurons du musée. Déjeunez dans le coin avant de rejoindre King's Cross. Les bibliophiles adoreront la British Library (p. 96). Bloomsbury abrite un bel éventail de restaurants internationaux où vous pourrez dîner, comme le Hakkasan (p. 100). Faites ensuite la tournée des bars historiques et littéraires du quartier, ou tentez The Place (p. 104) pour un spectacle de danse avant-gardiste.

Comment y aller et circuler

Prenez le métro jusqu'à Tottenham Court Rd (Northern Line ou Central Line), Goodge St (Northern Line), Russell Sq (Piccadilly Line) ou Euston Sq (Circle Line, Hammersmith & City Line et Metropolitan Line).

Pour le British Museum et Russell Sq, prenez le bus n°7 (24h/24) le long d'Oxford St ; le bus n°91 relie Whitehall/Trafalgar Sq à la British Library.

Plan de Bloomsbury p. 94

British Library (p. 96) GRAPHICAL_BANK/SHUTTERSTOCK ©

Les incontournables

British Museum

Site le plus visité de Grande-Bretagne, le British Museum attire chaque année 6,5 millions de visiteurs. Avec ses 90 galeries et ses 7 millions de pièces, il offre un voyage complet et captivant à travers 7000 ans de civilisations anciennes, de l'Égypte à l'Asie occidentale, en passant par le Moyen-Orient, Rome, la Grèce, l'Inde, l'Afrique, la Grande-Bretagne préhistorique et romaine, et le Moyen Âge.

PLAN P. 94, C7

www.britishmuseum.org

Great Russell St et Montague Pl, WC1

entrée libre

10h-17h30 sam-jeu, 10h-20h30 ven

Russell Sq, Tottenham Court Rd

Histoire du musée

Le musée fut fondé en 1753 lorsque le médecin royal Hans Sloane vendit son "cabinet de curiosités" pour 20 000 £, une coquette somme à l'époque. En 1759, la collection ouvrit gratuitement au public et le musée n'a cessé depuis de l'agrandir par des acquisitions, des legs et des pillages impériaux controversés.

Great Court

Couverte d'un toit de verre et d'acier conçu par Norman Foster en 2000, la cour est la première chose que l'on voit en arrivant. C'est la plus grande place publique couverte d'Europe. En son centre, la célèbre **Reading Room** (salle de lecture), autrefois propriété de la British Library, a été fréquentée par des esprits réputés, du Mahatma Gandhi à Karl Marx. Elle accueille désormais des expositions temporaires.

Enlightenment Galleries

Anciennement appelé King's Library, cet étonnant espace néoclassique (salle 1) qu'est la "galerie des Lumières" fut édifié entre 1823 et 1827. Sa fascinante collection d'objets retrace l'émergence de disciplines comme la biologie, l'archéologie, la linguistique et la géographie durant la période des Lumières, au XVIIIe siècle.

Égypte ancienne

L'étage renferme la collection de l'Égypte ancienne, élément phare du musée. Elle comprend des sculptures, des bijoux, des papyrus, des cercueils et des momies, dont la belle et fascinante momie de Katebet (salle 63). La pièce maîtresse du musée est sans doute la célèbre **pierre de Rosette** (salle 4), qui permit le déchiffrage des hiéroglyphes. Cette même galerie abrite aussi l'énorme buste du pharaon **Ramsès II** (salle 4).

★ À savoir

- Le British Museum possède deux entrées : dans Great Russell St et sur Montague Pl (généralement moins bondée).
- N'essayez pas de voir toutes les sections du musée ; il y a plus de 5 km de couloirs. Sélectionnez plutôt une ou deux périodes ou civilisations.

Une petite faim ?

À l'issue de la visite, rechargez vos batteries à l'**Abeno** (www.abeno.co.uk ; 47 Museum St, WC1 ; plats 9,75-26,80 £ ; 12h-22h) tout proche, qui sert de délicieuses crêpes et autres spécialités japonaises.

Pour une expérience plus traditionnelle, tentez le *cream tea* du **Tea & Tattle** (www.apandtea.co.uk ; 41 Great Russell St, WC1 ; *afternoon tea* pour 1/2 17/33,50 £ ; 9h-18h30 lun-ven, 12h-16h sam ; wifi), de l'autre côté de la rue.

À la conquête du musée

Le British Museum est immense : essayez de faire plusieurs visites ciblées. Chaque jour, 15 visites gratuites Eye-opener permettent de découvrir en 30-40 min différentes galeries. Il y a aussi des conférences gratuites au déjeuner (13h15 mardi-samedi), une visite d'1h30 concentrée sur les pièces phares (12 £, 11h30 et 14h vendredi, samedi et dimanche) et des visites gratuites de 20 min présentant les pièces maîtresses (*spotlight tours*) le vendredi soir. Audioguides en 10 langues (adulte/enfant 6/5,50 £), disponibles au comptoir des audioguides dans la Great Court.

Trésors assyriens

Parmi les trésors assyriens de la Mésopotamie ancienne figurent les **taureaux ailés** de Khorsabad (salle 10). Derrière, les délicats **bas-reliefs de la chasse au lion** de Ninive (salle 10), datant du VIIe siècle av. J.-C., ont influencé la sculpture grecque.

Sculptures du Parthénon

Élément majeur du musée (salle 18), la frise en marbre, longue de 80 m, représenterait les Grandes Panathénées, une fête organisée tous les quatre ans en l'honneur d'Athéna.

Trésor de Mildenhall et homme de Lindow

L'étage renferme des découvertes faites en Grande-Bretagne et dans le reste de l'Europe (salles 40 à 51). Beaucoup remontent à l'époque romaine, lorsque l'empire s'étendait sur presque tout le continent. Mis au jour à Suffolk, le trésor de Mildenhall (Mildenhall Treasure, salle 49) est composé d'une trentaine de pièces d'argenterie romaine aux motifs païens et paléochrétiens datant du IVe siècle. L'homme de Lindow (Lindow Man, salle 50) est la momie préservée d'un homme du Ier siècle découvert dans une tourbière près de Manchester, en 1984.

Bateau-tombe de Sutton Hoo

Les objets médiévaux du bateau-tombe de Sutton Hoo (salle 41), un site funéraire anglo-saxon du Suffolk datant du VIIe siècle, sont un autre élément incontournable du musée.

Figurines de Lewis

Toujours appréciées, les 78 jolies pièces d'échiquier (salle 40), sculptées dans de l'ivoire de morse et des dents de baleine au XIIe siècle, ont été découvertes sur une île écossaise reculée au début du XIXe siècle.

Agrandissement du musée

L'extension (estimée à 135 millions de livres) tant attendue du British Museum, le World Conservation & Exhibitions Centre, a ouvert en 2014.

British Museum

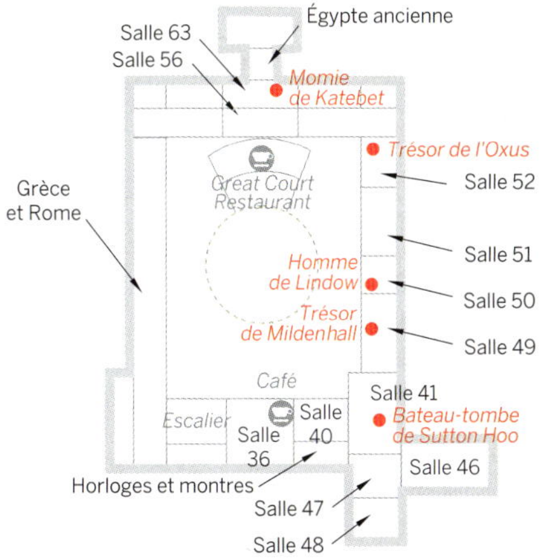

1er étage

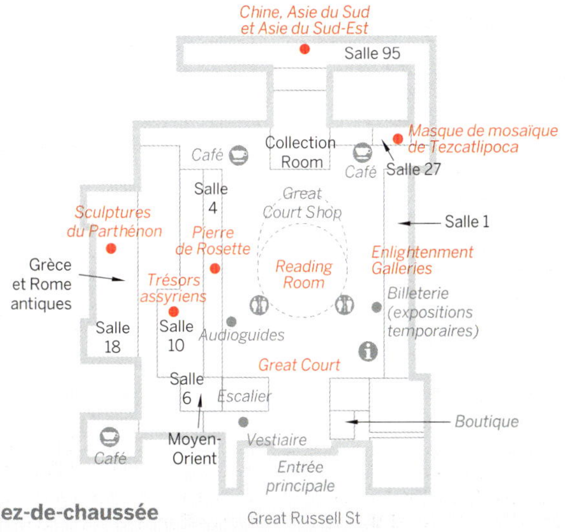

Rez-de-chaussée

Promenade à pied

Flânerie littéraire dans Bloomsbury

Bloomsbury sera pour toujours associé aux cercles littéraires qui sévissaient autrefois dans cette partie de la ville. Charles Dickens, Virginia Woolf, T.S. Eliot, J.M. Barrie, W.B. Yeats, Sylvia Plath et d'autres illustres représentants de la littérature anglaise ont donné leur nom à de beaux édifices et de charmantes places du quartier.

La promenade

Départ Bedford Sq ; ⊖ Goodge St

Arrivée Museum Tavern ; ⊖ Holborn ou Tottenham

Distance 1,8 km

Durée 2 à 3 heures

❶ Bedford Square

Superbe condensé du patrimoine culturel et des charmes architecturaux de Bloomsbury, Bedford Square est le square georgien le mieux préservé de Londres. Le siège de la maison d'édition Bloomsbury se trouve au n°50. Sir Anthony Hope Hawkins, auteur du *Prisonnier de Zenda*, a vécu au n°41, tandis que le 7 Gower St, juste à côté, a vu naître la confrérie préraphaélite, en 1848.

❷ Senate House

Le long de Malet St, la splendide mais intimidante Senate House de style Art déco a hébergé le ministère de l'Information pendant la Seconde Guerre mondiale, ce qui inspira à George Orwell le ministère de la Vérité de son célèbre roman *1984*. La femme d'Orwell, Eileen, travailla à la commission de censure entre 1939 et 1942.

❸ Gordon Square

Autrefois privé, ce square désormais ouvert au public constitue un agréable havre de paix. Il est rempli de plaques bleues témoignant de la présence de grandeurs littéraires.

❹ W.B. Yeats et Woburn Walk

Le poète et dramaturge irlandais, W.B. Yeats, a vécu au 5 Woburn Walk, une élégante petite rue juste au sud de l'église de St Pancras. Grande figure de la renaissance littéraire celtique, fervent défenseur du patrimoine de son pays natal et auteur de *La Tour*, W.B. Yeats passa de nombreuses années à Londres.

❺ Faber & Faber

Les anciens bureaux de la maison d'édition Faber & Faber occupent l'angle nord-ouest de Russell Sq, et sont signalés par une plaque bleue au nom de T.S. Eliot, le poète et dramaturge américain et premier éditeur de Faber. Les jardins et la fontaine au centre de Russell Sq sont parfaits pour se reposer.

❻ St George the Martyr

C'est dans l'église du XVIIIe siècle St George the Martyr en face du pub historique **Queen's Larder** (p. 102) à l'extrémité sud de Queen Sq, que Ted Hughes et Sylvia Plath se sont mariés, le 16 juin 1956. Le couple a choisi la date en hommage à James Joyce.

❼ Shopping littéraire

Que serait Bloomsbury sans une bonne librairie ? La **London Review Bookshop** (p. 105), associée au magazine littéraire *London Review of Books*, est l'une des meilleures de Londres. Un endroit où passer des heures à fouiner dans les rayonnages emplis d'une sélection éclectique d'ouvrages et de DVD, avant de se plonger dans ses nouveaux achats au café.

❽ Museum Tavern

Terminez cette promenade par une pinte bien méritée au Museum Tavern (p. 102), comme le faisait Karl Marx.

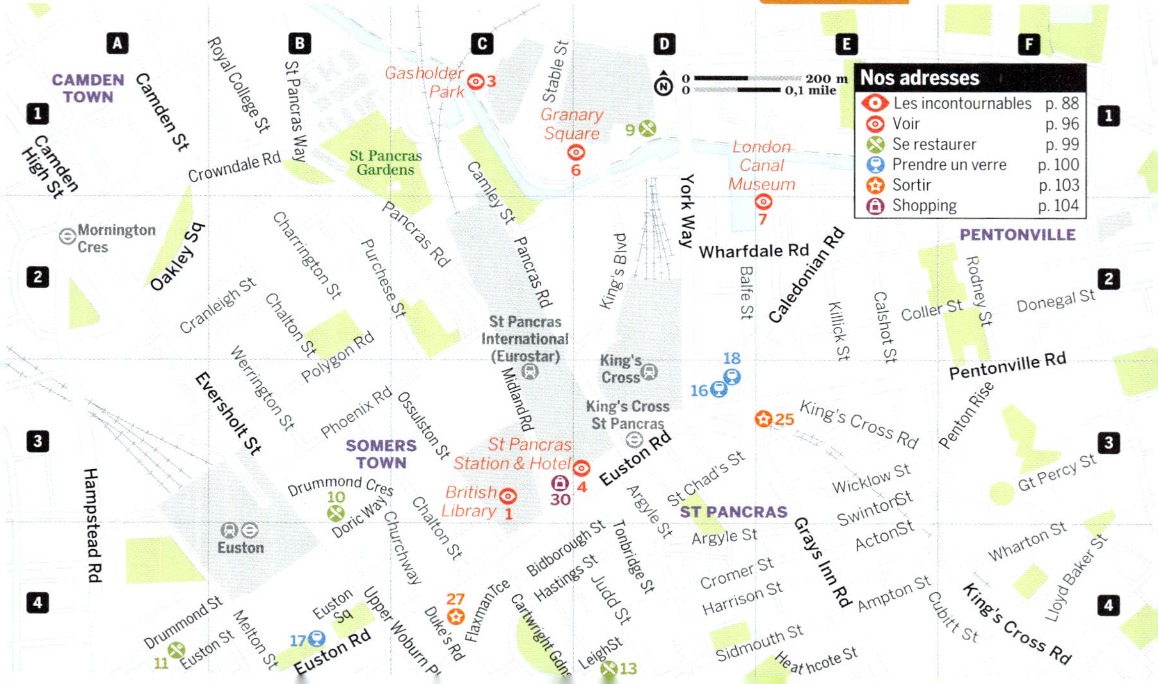
Nos adresses
Les incontournables p. 88
Voir p. 96
Se restaurer p. 99
Prendre un verre p. 100
Sortir p. 103
Shopping p. 104
0 200 m
0 0,1 mile
A
B
C
D
E
F
1
2
3
4
CAMDEN TOWN
Camden St
Camden High St
Royal College St
St Pancras Way
Crowndale Rd
St Pancras Gardens
Gasholder Park 3
Stable St
Granary Square 6
9
London Canal Museum 7
York Way
Wharfdale Rd
Caledonian Rd
Camley St
Pancras Rd
King's Blvd
Balfe St
Killick St
Calshot St
Coller St
Rodney St
Donegal St
PENTONVILLE
Pentonville Rd
Penton Rise
Mornington Cres
Oakley Sq
Charrington St
Purchese St
Cranleigh St
Chalton St
Polygon Rd
St Pancras International (Eurostar)
King's Cross
18
16
King's Cross St Pancras
25
King's Cross Rd
Eversholt St
Werrington St
Phoenix Rd
Ossulston St
Midland Rd
SOMERS TOWN
St Pancras Station & Hotel 4
30
British Library 1
Euston Rd
Argyle St
St Chad's St
ST PANCRAS
Wicklow St
Swinton St
Acton St
Gt Percy St
Hampstead Rd
Drummond Cres
10
Doric Way
Churchway
Euston
Bidborough St
Hastings St
Tonbridge St
Judd St
Cromer St
Harrison St
Grays Inn Rd
Ampton St
Cubitt St
Wharton St
Lloyd Baker St
King's Cross Rd
Drummond St
11
Euston St
Melton St
17
Euston Sq
Euston Rd
Upper Woburn Pl
27
Duke's Rd
Flaxman Tce
Cartwright Gdns
Leigh St
13
Sidmouth St
Heathcote St

A
B
C
D
E
F
5
6
7
8
British Museum
Wiener Library 8
Charles Dickens Museum 5
Wellcome Collection
BLOOMSBURY
Euston Rd
Euston Sq
Warren St
Grafton Way
University St
Huntley St
Torrington Pl
Tottenham Court Rd
Goodge St
Whitfield St
Howland St
Maple St
Fitzroy St
Cleveland St
Great Titchfield St
Eastcastle St
Riding Wells St
Berners St
Berners Mews
Newman St
Oxford St
Rathbone St
Charlotte St
Rathbone Pl
Percy St
Gresse St
Hanway St
Tottenham Court Rd
Soho Sq
St Giles-in-the-Fields
St Giles High St
Bucknall St
New Oxford St
Morwell St
Bedford Ave
Bedford Sq
Store St
Alfred Pl
Chenies St
Gower St
Malet St
Byng Pl
University College London
Gordon St
Gordon Sq
Taviton St
Tavistock Sq
Tavistock Pl
Woburn Pl
Bedford Way
Herbrand St
Marchmont St
Handel St
Brunswick Sq
Bernard St
Russell Sq
Montague Pl
Montague St
Bloomsbury St
Museum St
Great Russell St
Bury Pl
Bloomsbury Sq
Bloomsbury Way
Bedford Pl
Southampton Row
Shaftesbury Ave
Grape St
Drury La
Macklin St
Parker St
Great Queen St
Kingsway
Holborn
High Holborn
Procter St
Eagle St
Red Lion St
Theobald's Rd
Harpur St
Boswell St
Old Gloucester St
Queen Sq
Great Ormond St
Lamb's Conduit
Guildford St
Doughty St
Millman St
Northington St
John St
Roger St
Grays Inn Rd
Gough St
Phoenix Pl
Calthorpe St
Wren St
St Andrew's Gardens
St George's Gardens
Coram's Fields
Rosebery Ave
Gray's Inn Gardens
Jockey'sFields
Bedford Row
Lincoln's Inn Fields
Lincoln'sInn Fields
Chancery La
Serle St
Portugal St
Carey St
32
24
33
20
21
29
23
19
28
31
22
12
14
15
26

Voir

British Library — BIBLIOTHÈQUE

1 PLAN P. 94, C3

Composée de terrasses en briques rouges donnant sur un vaste parvis dominé par une imposante statue de sir Isaac Newton, la British Library imaginée par Colin St John Wilson ne laisse pas indifférent. Achevée en 1997, elle abrite des documents rares, comme le *Codex Sinaiticus* (un des deux plus anciens manuscrits de la Bible), des carnets de notes de Léonard de Vinci et un exemplaire de la *Magna Carta* (1215). (www.bl.uk ; 96 Euston Rd, NW1 ; entrée libre ; galeries 9h30-18h lun et mer-ven, 9h30-20h mar, 9h30-17h sam, 11h-17h dim ; King's Cross St Pancras)

Wellcome Collection — MUSÉE

2 PLAN P. 94, B5

Cet ingénieux et fascinant musée est consacré au lien entre l'art, la science et la médecine, autour notamment de la collection de curiosités médicales (scies pour amputation, forceps, amulettes et gadgets sexuels, etc.) de sir Henry Wellcome, qui illustre la fascination universelle pour la santé et le corps à travers les civilisations. Dans la galerie **Medicine Now**, des installations interactives et œuvres provocantes amènent à réfléchir sur l'humanité et le corps humain. (www.wellcomecollection.org ; 183 Euston Rd, NW1 ; entrée libre ; 10h-18h mar, mer, ven-dim, 10h-22h jeu ; Euston Sq, Euston)

Internet à la bibliothèque

L'ensemble des locaux de la British Library bénéficie du Wi-Fi gratuit – ce qui en fait un lieu très prisé des étudiants. Les visiteurs peuvent eux aussi en profiter en faisant une pause dans l'un des trois excellents cafés et restaurants du bâtiment.

Gasholder Park — PARC

3 PLAN P. 94, C1

Juste à côté du Regent's Canal, cet espace vert urbain inclus dans l'impressionnante rénovation du quartier de King's Cross est un chef-d'œuvre de réhabilitation. La structure en fonte était à l'origine la charpente du Gasholder No 8, la plus grande citerne de gaz des environs. Rénovée, et agrémentée d'une pelouse centrale, de jolis bancs et d'un auvent en miroir, elle s'est métamorphosée en un magnifique petit parc. (King's Cross St Pancras)

St Pancras Station & Hotel — ÉDIFICE HISTORIQUE

4 PLAN P. 94, D3

Devant la splendeur gothique de St Pancras, on a du mal à croire que le Midland Grand Hotel, construit en 1873, soit resté à l'abandon des années durant et ait failli être démoli dans les années 1960. Abritant aujourd'hui un hôtel cinq

Granary Square

étoiles, 67 appartements de luxe et le terminal Eurostar, St Pancras a retrouvé sa gloire passée. Des visites guidées (20 £ ; 10h30, 12h, 14h, 15h30 sam-dim) retracent toute l'histoire de l'édifice. (☎020-8241 6921 ; www.stpancraslondon.com ; Euston Rd, NW1 ; ⊖King's Cross St Pancras)

Charles Dickens Museum

MUSÉE

5 ◎ PLAN P. 94, E5

Une rénovation de 3,5 millions de livres, financée par le Heritage Lottery Fund, a permis d'agrandir et d'embellir ce musée – situé dans une belle maison de 4 étages, unique résidence londonienne du romancier de l'époque victorienne ayant subsisté. On y voit une cuisine d'époque à l'entresol et une nursery au dernier étage. Le bâtiment du 49 Doughty St, nouvellement acquis, a largement augmenté l'espace d'exposition. (☎020-7405 2127 ; www.dickensmuseum.com ; 48 Doughty St, WC1 ; adulte/enfant 9,5/4,5 £ ; ⏲10h-17h mar-dim ; ⊖Chancery Lane, Russell Sq)

Granary Square

PLACE

6 ◎ PLAN P. 94, D1

Située dans un coude de Regent's Canal, au nord de la gare de King's Cross, Granary Square est au cœur d'un vaste projet de réhabilitation d'anciens entrepôts qui s'étendent sur 27 ha. La réalisation la plus spectaculaire est une fontaine composée de 1 080 jets éclairés individuellement, qui jaillissent et s'illuminent en rythme. (www.

St Giles-in-the-Fields : une histoire de la misère

Érigée dans ce qui était autrefois la campagne entre la Cité de Londres et Westminster, **St Giles-in-the-Fields** (Plan p. 94, C8 ; 020-7240 2532 ; www.stgilesonline.org ; 60 St Giles High St, WC2 ; 9h-16h30 lun-ven ; Tottenham Court Rd) ne paie pas de mine mais son histoire est une chronique des habitants les plus misérables de Londres. L'église actuelle (1733) est la troisième construction sur l'emplacement d'une chapelle bâtie au XIIe siècle pour servir d'hôpital pour lépreux.

Jusqu'en 1547, lorsque l'hôpital ferma, les prisonniers qui allaient être exécutés à la potence de Tyburn Tree s'arrêtaient à la porte de l'église et buvaient une grande chope d'ale soporifique – leur dernier rafraîchissement – dans le St Giles's Bowl. À partir de 1650, les prisonniers étaient enterrés dans l'enceinte de l'église. St Giles fut aussi le foyer de la grande peste de 1665.

À l'époque victorienne, c'était le pire bidonville de Londres, souvent mentionné dans les romans de Dickens. Aujourd'hui, les toxicomanes qui traînent dans le quartier donnent la sensation que les choses n'ont pas vraiment changé.

L'église renferme (côté nord) une intéressante relique : le pupitre blanc utilisé pendant 40 ans par John Wesley, le fondateur du méthodisme.

kingscross.co.uk ; Stable St, N1 ; King's Cross St Pancras)

London Canal Museum MUSÉE

7 PLAN P. 94, E2

Ce petit musée retrace l'histoire de Regent's Canal et décrit la vie des familles vivant et travaillant sur le long réseau de canaux de Grande-Bretagne. Dans les écuries à l'étage, l'exposition porte sur l'histoire du transport sur les canaux en Grande-Bretagne et les récents développements tels que le nettoyage de la rivière Lea pour les Jeux olympiques de 2012. Le musée occupe un entrepôt de 1858, où l'on stockait autrefois de la glace dans deux profonds puits. (020-7713 0836 ; www.canalmuseum.org.uk ; 12-13 New Wharf Rd, N1 ; adulte/enfant 5/2,50 £ ; 10h-16h30 mar-dim et jours fériés ; King's Cross St Pancras)

Wiener Library MUSÉE

8 PLAN P. 94, C6

Cette bibliothèque fut créée par un juif allemand nommé Alfred Wiener en 1933 pour documenter la montée de l'antisémitisme dans son pays d'origine, qu'il avait fui face à la persécution nazie. C'est la plus ancienne institution du monde consacrée à l'étude de l'Holocauste. Aujourd'hui bibliothèque publique et institut de recherche, elle renferme plus d'un million de pièces liées à l'une des périodes les plus sombres de l'histoire. (020-7636 7247 ; www.wienerlibrary.co.uk ; 29 Russell Sq, WC1 ; entrée libre ; 10h-17h lun et mer-ven, jusqu'à 19h30 mar ; Russell Square)

Se restaurer

Ruby Violet

GLACE £

9 PLAN P. 94, D1

Un glacier qui se démarque avec ses parfums merveilleusement originaux (masala chai, chocolat belge, framboise et patate douce) et des garnitures et nappages chauds maison. Les vendredis et samedis soir, le Pudding Club permet de savourer mini-omelettes norvégiennes ou fondants au chocolat chauds avec glace. (www.rubyviolet.co.uk ; Midlands Goods Shed, 3 Wharf Rd, N1C ; 1/2 boules 3/5,50 £ ; 10h-19h dim-lun, 10h-22h mar-sam ; King's Cross St Pancras)

Roti King

MALAISIEN £

10 PLAN P. 94, B3

L'enseigne au néon indiquant ce minuscule restaurant en sous-sol ne semble pas très prometteuse. Cependant, vous êtes entre de bonnes mains. La spécialité, le *roti canai*, un pain plat friable typique de Malaisie, est accompagnée de savoureux bols de curry. Enfin une option bon marché autre qu'un sandwich ou une salade ! (40 Doric Way, NW1 ; plats 5-7 £ ; 12h-15h et 17h-22h30 lun-ven, 12h-22h30 sam ; ; Euston)

Diwana Bhel Poori House

INDIEN £

11 PLAN P. 94, A4

L'un des meilleurs indiens végétariens de Londres, spécialisé dans le *bhel poori* de Bombay (un mélange acidulé, doux et croquant) et les *dosas* (crêpes croustillantes garnies, préparées à base de farine de riz). Envisagez un *thali* (repas complet composé de nombreux petits plats). Légendaire buffet à volonté le midi (7 £). Plats du jour (6,60 £). (020-7387 5556 ; www.diwanabph.com ; 121-123 Drummond St, NW1 ; plats 5,10-8,95 £ ; 12h-23h30 lun-sam, jusqu'à 22h30 dim ; ; Euston)

Sagar

VÉGÉTARIEN £

12 PLAN P. 94, B7

Cette succursale d'une minichaîne spécialisée dans les plats végétariens du Karnataka (un État du sud de l'Inde) est bon marché, et de qualité. Goûtez le *paper masala dosa*, énorme crêpe de lentilles garnie de pommes de terre épicées. *Thali* (plateaux composés d'un choix de petits plats) : 16 à 18 £. (020-7631 3319 ; www.sagarveg.co.uk ; 17a Percy St, W1 ; plats 5,50-9,45 £ ; 12h-15h et 17h30-22h45 lun-jeu, 12h-23h ven-sam, 12h-22h dim ; ; Tottenham Court Rd)

North Sea Fish Restaurant

FISH & CHIPS **££**

13 PLAN P. 94, D4

Le North Sea prépare du poisson frais et des pommes de terre – un objectif simple réalisé de façon admirable. Au menu : énormes filets de plie ou de flétan, frits ou grillés, et grosses portions de frites. Guichet à emporter si vous ne supportez pas la salle austère et le service impersonnel. (020-7387 5892 ; www.northseafishrestaurant.co.uk ; 7-8 Leigh St, WC1 ; plats 10-25 £ ; 12h-14h30 et 17h-22h lun-sam, 17h-21h30 dim ; Russell Sq)

Hakkasan Hanway Place

CANTONAIS **£££**

14 PLAN P. 94, B8

Ce restaurant étoilé Michelin, en sous-sol et dissimulé dans une petite allée, réussit à allier cadre élégant, bons cocktails et cuisine sophistiquée dans une ambiance tamisée. Réservez à l'avance, ou venez le midi (formule 3 plats 38 £, également de 17h30 à 18h30). (020-7927 7000 ; www.hakkasan.com ; 8 Hanway Pl, W1 ; plats 12-63,50 £ ; 12h-15h et 17h30-22h30 lun-mer, 12h-15h et 17h30-23h jeu-ven, 12h-23h sam, 12h-22h30 dim ; ; Tottenham Court Rd)

Lima

PÉRUVIEN **£££**

15 PLAN P. 94, B8

De sublimes saveurs péruviennes épicées règnent au cœur de ce fantastique restaurant orné d'une grande peinture murale colorée. La cuisine superbement présentée a obtenu une étoile Michelin et le personnel serviable prend son travail à cœur. Déjeuner express avec verre de vin à 19 £ ! (020-3002 2640 ; www.limalondon.com ; 31 Rathbone Pl, W1 ; plats 22-32 £ ; 12h-14h30 tlj, 17h30-22h30 lun-sam, 17h30-21h30 dim ; ; Tottenham Court Rd)

Prendre un verre

Bar Pepito

BAR À VINS

16 PLAN P. 94, D3

Cette minuscule bodega andalouse sert exclusivement des tapas et du xérès (vin blanc espagnol). Le personnel expert saura vous conseiller sur les meilleures associations de tapas, en particulier parmi l'excellente sélection de jambons et de fromages. Pour une expérience complète, laissez-vous tenter par une dégustation de xérès soigneusement sélectionnés. (www.camino.uk.com/location/bar-pepito ; 3 Varnishers Yard, The Regent's Quarter, N1 ; 17h-minuit lun-ven, 18h-minuit sam ; King's Cross St Pancras)

Euston Tap

BAR

17 PLAN P. 94, B4

Ce spécialiste de la boisson occupe une immense structure en pierre près d'Euston Station. Les amateurs ont le choix entre 16 *ales* et 25 bières, plus quelque 150 variétés en bouteille. Prenez place sur le trottoir, empruntez l'étroit escalier en colimaçon menant à l'étage ou prenez une bouteille à emporter. (☎020-3137 8837 ; www.eustontap.com ; 190 Euston Rd, NW1 ; ⏰12h-tard lun-sam, 12h-22h dim ; ⊖Euston)

Drink, Shop & Do
BAR

18 PLAN P. 94, D3

Difficile de réduire à la seule appellation de "bar" cet endroit plutôt original, qui se veut éclectique pour séduire une clientèle variée : bar, café, centre d'activités et même discothèque. Retenez en tout cas qu'il y aura toujours à boire (que ce soit du thé ou du gin), de la musique et des animations, de la danse à la construction de robots en Lego ! (☎020-7278 4335 ; www.drinkshopdo.co.uk ; 9 Caledonian Rd, N1 ; ⏰10h-minuit lun-mer, 10h-1h jeu, 10h-2h ven, 10h30-2h sam, 10h30-18h dim ; 📶 ; ⊖King's Cross St Pancras)

Craft Beer Company
BIÈRE ARTISANALE

19 PLAN P. 94, D8

Probablement le meilleur endroit de Londres pour savourer une bière artisanale, cette succursale d'une chaîne de bars propose 15 bières pression du Royaume-Uni, ainsi que 30 bières en fût et plus de 200 bouteilles et canettes de bières du monde entier. La plupart des pintes coûtent moins de 5 £. (☎020-7240 0431 ; www.thecraftbeerco.com/covent-garden ; 168 High Holborn, WC1 ; ⏰12h-minuit dim-mer, 12h-1h jeu-sam ; ⊖Tottenham Court Rd)

Queen's Larder

Les déroutants codes postaux de Londres

Les 20 arrondissements de Paris décrivent une jolie – et logique – spirale. Si vous écrivez à quelqu'un dans le 5e arrondissement, il suffit d'inscrire 75005. Regardez à présent les codes postaux de Londres sur un plan. Comment SE23 peut-il jouxter SE6 ? S'il y a un Nord (N), un Ouest (W) et un Est (E), pourquoi n'y a-t-il pas de Sud (S) ? Et qu'est-il arrivé au Nord-Est (NE) ?

Lors de leur introduction en 1858, les codes postaux étaient assez clairs, tous les points cardinaux étaient représentés, ainsi que les Centre-Est et Centre-Ouest (EC et WC). Les problèmes commencèrent peu après quand NE fusionna avec E, et S avec SE et SW. Puis, durant la Première Guerre mondiale, un système de numérotation fut créé pour les nouveaux employés au tri (les employés habituels étant au front). Le n°1 correspondait au centre de chaque zone, mais les autres nombres suivaient l'ordre alphabétique des noms de quartier. Ainsi, un quartier dont l'initiale est au début de l'alphabet, comme Chingford dans East London, avait un chiffre bas (E4), même s'il se trouvait à des kilomètres du centre, à Whitechapel (E1), tandis que Poplar, qui borde Whitechapel, correspond à E14. Un système toujours déroutant.

Queen's Larder PUB

20 PLAN P. 94, D6

Situé sur une jolie place, au sud-est de Russell Sq, ce pub cosy s'appelle ainsi (le "garde-manger de la reine") car la reine Charlotte, épouse du roi "fou" George III, louait une partie du cellier afin d'y stocker de la nourriture pour son mari qui était traité non loin pour ce que l'on pense aujourd'hui avoir été la porphyrie (une maladie génétique). Vous pourrez profiter des bancs à l'extérieur aux beaux jours. Sinon, salle à l'étage. (020-7837 5627 ; www.queenslarder.co.uk ; 1 Queen Sq, WC1 ; 11h30-23h lun-ven, 12h-23h sam, 12h-22h30 dim ; Russell Sq)

Museum Tavern PUB

21 PLAN P. 94, D7

Karl Marx avait l'habitude de savourer une pinte bien méritée après une dure journée de travail dans la Reading Room du British Museum. George Orwell, Arthur Conan Doyle et J.B. Priestley fréquentaient aussi les lieux. Ce joli pub traditionnel au personnel chaleureux est apprécié des universitaires comme des étudiants. (020-7242 8987 ; www.taylor-walker.co.uk/pub/museum-tavern-bloomsbury/c0747 ; 49 Great Russell St, WC1 ; 11h-23h30 lun-jeu, jusqu'à minuit ven-sam, 12h-22h30 dim ; ; Holborn, Tottenham Court Rd)

London Cocktail Club

BAR À COCKTAILS

22 PLAN P. 94, A7

Il y a cocktail et cocktail. Les spécialistes de ce bar en sous-sol un peu défraîchi combinent, assemblent, frappent et mixent les préparations les plus inventives, colorées et toniques que l'on puisse imaginer ! Essayez le *bacon and egg martini* ou le *smoked Manhattan*. Vous risquez d'y passer un bon moment. (020-7580 1960 ; www.londoncocktailclub.co.uk ; 61 Goodge St, W1 ; 16h30-23h30 lun-jeu, minuit ven-sam ; Goodge St)

Princess Louise

PUB

23 PLAN P. 94, E8

Le rez-de-chaussée de ce pub de 1872 renferme une superbe décoration : beau dallage, miroirs gravés, moulures et magnifique bar central en forme de fer à cheval. Les cloisons victoriennes offrent aux clients divers coins et alcôves où se cacher et les panneaux en verre dépoli ajoutent à l'ambiance d'époque. (020-7405 8816 ; princesslouisepub.co.uk ; 208 High Holborn, WC1 ; 11h-23h lun-ven, 12h-23h sam, 12h-18h45 dim ; Holborn)

Lamb

PUB

24 PLAN P. 94, E5

Le bar central en acajou orné de beaux "snob screens" (paravents victoriens qui permettaient aux clients aisés de boire en privé) est apprécié des habitants depuis 1729. Près de trois siècles plus tard, sa popularité ne décroît pas, mieux vaut venir tôt pour avoir une banquette et goûter la bonne sélection de Young's bitters et la superbe atmosphère. (020-7405 0713 ; www.thelamblondon.com ; 94 Lamb's Conduit St, WC1 ; 11h-23h lun-mer, jusqu'à minuit jeu-sam, 12h-22h30 dim ; Russell Sq)

Sortir

Scala

MUSIQUE LIVE

25 PLAN P. 94, E3

Créé dans les années 1920, en plein âge d'or du cinéma, le Scala, après s'être quelque peu égaré du côté du porno dans les années 1970, a été transformé au début des années 2000 en club et salle de concert. C'est aujourd'hui l'un des lieux les plus prisés à Londres pour découvrir des groupes intimistes ou danser, des soirées thématiques étant régulièrement proposées. (020-7833 2022 ; www.scala.co.uk ; 275 Pentonville Rd, N1 ; King's Cross St Pancras)

100 Club

MUSIQUE LIVE

26 PLAN P. 94, B8

À la même adresse depuis plus de 75 ans, cette salle historique a commencé comme club de jazz mais s'ouvre désormais au rock. Chris Barber, B.B. King et les Rolling Stones s'y sont produits, et elle fut l'épicentre de la révolution punk et de la scène indé des années 1990.

Elle accueille des soirées, quelques grands noms, et des concerts hommages. (☎ 020-7636 0933 ; www.the100club.co.uk ; 100 Oxford St, W1 ; billets 8-20 £ ; ⏰ voir le site pour les horaires des concerts ; ⊖ Oxford Circus, Tottenham Court Rd)

The Place

DANSE

27 ⭐ PLAN P. 94, C4

Haut lieu de la scène culturelle londonienne, le berceau de la danse moderne britannique propose toujours une programmation centrée sur des chorégraphies contemporaines et expérimentales. Derrière la façade victorienne, vous trouverez un théâtre de 300 places, un café à l'atmosphère créative et une douzaine de studios de répétition. Les billets démarrent généralement à 15 £. (☎ 020-7121 1100 ; www.theplace.org.uk ; 17 Duke's Rd, WC1 ; ⊖ Euston Sq)

Shopping

James Smith & Sons

MODE ET ACCESSOIRES

28 🔒 PLAN P. 94, C8

Cette boutique fabrique et stocke des parapluies (et des cannes) d'une élégance incomparable. Elle combat le climat britannique depuis 1857 et, grâce aux averses permanentes de Londres, a encore de beaux jours devant elle. Comptez à partir de 40 £ pour un parapluie de poche. (☎ 020-7836 4731 ; www.james-smith.co.uk ; 53 New Oxford St, WC1 ; ⏰ 10h-17h45 lun-ven, 10h-17h15 sam ; ⊖ Tottenham Court Rd)

James Smith & Sons

London Review Bookshop
LIVRES

29 PLAN P. 94, D7

La librairie phare de la revue littéraire bimensuelle *London Review of Books* ne fait pas dans les hautes piles de livres et les exemplaires sous verre mais propose un large choix de titres en quelques exemplaires seulement. Elle accueille souvent des conférences d'auteurs très en vue (10 £ en général). Charmant café où se plonger dans ses achats. (020-7269 9030 ; www.londonreviewbookshop.co.uk ; 14 Bury Pl, WC1 ; 10h-18h30 lun-sam, 12h-18h dim ; Holborn)

Fortnum & Mason
ALIMENTATION

30 PLAN P. 94, C3

Cette succursale du célèbre magasin, sa première en plus de 300 ans, propose un bon choix de ses emblématiques thés (vrac ou sachets) et cafés, qui constituent d'excellents cadeaux et souvenirs de dernière minute avant de prendre l'Eurostar. Tient également un café. (www.fortnumandmason.com ; Unit 1a, St Pancras International Station, Pancras Rd, N1 ; 7h-20h lun-sam, 8h-20h dim ; King's Cross St Pancras)

Forbidden Planet
BD

31 PLAN P. 94, C8

Forbidden Planet regorge de BD, littérature de science-fiction, horreur et fantasy, ainsi que de figurines et de jouets, répartis sur deux étages. Un véritable rêve pour tout amateur de manga, de titres inclassables et d'objets de science-fiction et fantasy. (020-7420 3666 ; www.forbiddenplanet.com ; 179 Shaftesbury Ave, WC2 ; 10h-19h lun-mar, jusqu'à 19h30 mer, ven-sam, jusqu'à 20h jeu, 12h-18h dim ; Tottenham Court Rd)

Gay's the Word
LIVRES

32 PLAN P. 94, D5

Depuis 1979, cette institution du Londres gay vend des ouvrages introuvables ailleurs, et un grand choix de livres et de magazines gays et lesbiens actuels. Il y a aussi des occasions. (020-7278 7654 ; www.gaystheword.co.uk ; 66 Marchmont St, WC1 ; 10h-18h30 lun-sam, 14h-18h dim ; Russell Sq)

Folk
MODE ET ACCESSOIRES

33 PLAN P. 94, E6

Des vêtements simples et décontractés mais tendance, souvent dans des couleurs vives et au look artisanal. Le n°49 propose la ligne masculine de la marque, et le n°53, non loin, la ligne féminine. (hommes 020-7404 6458, femmes 020-8616 4191 ; www.folkclothing.com ; 49 et 53 Lamb's Conduit St, WC1 ; 11h-19h lun-ven, 10h-18h sam, 12h-17h dim ; Holborn)

Explorer
Cathédrale Saint-Paul et la City

Malgré sa taille restreinte, la City compte de nombreux sites touristiques, au premier rang desquels la Tour de Londres et la cathédrale Saint-Paul. Le quartier recèle d'autres curiosités moins connues et d'une myriade d'églises qui constitueront d'agréables havres de paix sur votre parcours.

Mettez-vous en route de bonne heure pour éviter l'affluence à la Tour de Londres (p. 112). Explorez le Tower Bridge (p. 119) et réservez une table pour le déjeuner au Wine Library (p. 122). Rejoignez la cathédrale Saint-Paul (p. 108) et visitez-la avant de grimper admirer la vue au sommet de l'impressionnant dôme. S'il vous reste un peu de temps, rendez-vous au Museum of London (p. 118). Pour décompresser, rien de tel qu'un cocktail avec vue au Sky Pod (p. 123). Revenez sur terre pour le dîner, au St John (p. 121), puis terminez la soirée dans l'un des pubs anciens de la City, comme le Ye Olde Mitre (p. 123).

Comment y aller et circuler

Les stations les plus proches sont St Paul's (Central Line) et Bank (Central Line, Northern Line, Waterloo & City Line, et DLR) ; Blackfriars (Circle Line et District Line), Farringdon (Circle Line, Metropolitan Line et Hammersmith & City Line) et Tower Hill (Circle Line et District Line) peuvent également être utiles.

Les bus n^{os}8, 15, 11 et 26 desservent le quartier.

Plan de Saint-Paul et la City p. 116

Tower Bridge

Les incontournables

Cathédrale Saint-Paul

Dominant la petite Ludgate Hill, ce lieu de culte chrétien (et païen avant cela) depuis plus de 1 400 ans est l'édifice le plus majestueux de la City. Édifié entre 1675 et 1710 après que le grand incendie eut détruit son prédécesseur, l'étincelant chef-d'œuvre blanc coiffé d'un dôme de sir Christopher Wren devint le symbole de la résistance et de la fierté de Londres durant la Seconde Guerre mondiale.

PLAN P. 116, D4

020-7246 8357

www.stpauls.co.uk

St Paul's Churchyard, EC4

adulte/enfant 18/8 £

8h30-16h30 lun-sam

St Paul's

Dôme

Wren voulait construire un dôme imposant à l'extérieur mais pas trop grand à l'intérieur. Il fallait donc le construire en trois parties : un dôme interne en brique recouvert de plâtre, un dôme externe non structurel en plomb, et un cône en brique qui les maintient l'un à l'intérieur de l'autre. Cette structure unique, la plus grande après Saint-Pierre de Rome, fit de la cathédrale le coup de maître de Wren. Quelque 528 marches réparties en trois étages conduisent au sommet.

Whispering Gallery

Entrez par la porte ouest du transept sud, où 257 marches conduisent 30 m plus haut à la galerie intérieure à la base du dôme. La Whispering Gallery (galerie des Murmures) est ainsi nommée car les mots prononcés près du mur s'entendent au niveau du mur à l'opposé, 32 m plus loin.

Stone Gallery et Golden Gallery

La Stone Gallery (galerie de pierre) est située 119 marches plus haut. Cette plateforme extérieure, à 53 m du sol, est occultée par des piliers et des dispositifs de sécurité. Les 152 dernières marches menant à la Golden Gallery (galerie d'or) sont plus raides et plus étroites que les précédentes, mais vos efforts seront largement récompensés. De là, à 85 m de hauteur, vous jouirez d'un superbe panorama à 360° sur la ville.

Intérieur

À une époque de ferveur anticatholique, la construction d'une basilique de style roman plutôt que gothique fut controversée. Cependant, l'intérieur, assez peu décoré et doté de grandes fenêtres, reflétait plus les mœurs protestantes. Les statues et mosaïques que l'on peut admirer aujourd'hui datent de bien plus tard.

★ À savoir

- On peut assister à l'office gratuitement. Pour écouter le chœur de la cathédrale, assistez aux vêpres (Evensong, 17h du lundi au samedi et 15h15 le dimanche) ou à l'Eucharistie le dimanche à 11h30.
- L'entrée inclut un audioguide.
- Il existe 4 visites guidées gratuites d'1h30 (10h, 11h, 13h et 14h) ; réservez au bureau des visites.
- Deux fois par mois, des visites d'1 heure (8 £) permettent de découvrir des parties de l'église habituellement fermées au public ; réservez.
- Films et photos interdits.

✕ Une petite pause ?

Dans la crypte, le **Wren's Pantry** (www.searcysstpauls.co.uk ; plats à partir de 8 £ ; ⏲ 9h-17h) sert un choix de gâteaux, pâtisseries et repas.

Le Miyama (p. 120) offre une délicieuse cuisine japonaise.

Duke of Wellington Memorial

L'aile nord de la vaste nef abrite le grandiose mémorial érigé en l'honneur du duc de Wellington (1912), dont la construction nécessita 54 années de travail. Copenhague, le cheval du "duc de fer", était originellement tourné dans l'autre sens, mais il fut jugé inapproprié que le derrière d'un cheval fît face à l'autel. En revanche, juste sous le dôme se trouve une élégante épitaphe rédigée par le fils de Wren : *Lector, si monumentum requiris, circumspice* (Lecteur, si tu cherches son tombeau, regarde autour de toi).

The Light of the World et le chœur

Dans la chapelle du transept nord, le célèbre tableau de William Holman Hunt, *The Light of the World* (La Lumière du monde, 1851-1853) dépeint le Christ frappant à une porte couverte de végétation qui, symboliquement, ne peut être ouverte que de l'intérieur. Au centre de la cathédrale se trouvent le spectaculaire chœur – avec ses plafonds et ses voûtes étincelants de mosaïques colorées – et le maître-autel. Les stalles richement sculptées par l'Anglo-Néerlandais Grinling Gibbons, de part et d'autre du chœur, sont magnifiques, tout comme les grilles ornementales en fer forgé, du huguenot français Jean Tijou, qui séparent les allées de l'autel.

American Memorial Chapel

Contournez l'autel, surmonté d'un imposant baldaquin en chêne doré

St Paul's Cathedral

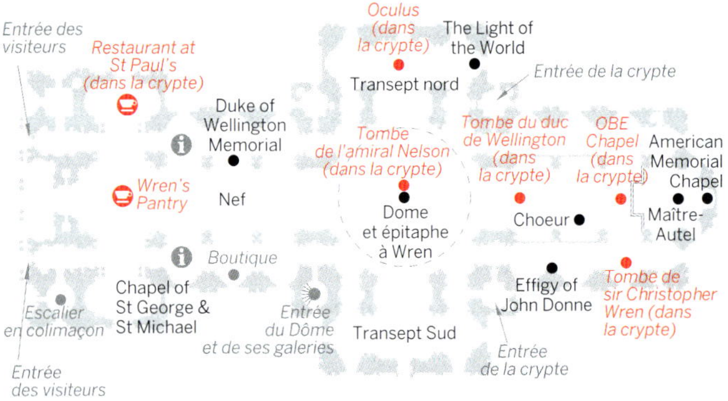

aux colonnes torsadées, jusqu'à la chapelle des Américains (American Memorial Chapel), qui commémore les 28 000 Américains basés en Grande-Bretagne et tués lors de la Seconde Guerre mondiale.

Crypte et oculus

Sur le flanc est des transepts nord et sud, des escaliers descendent à la crypte et l'Order of the British Empire (OBE) Chapel, où ont lieu des offices pour les membres de l'ordre de l'Empire britannique.

La crypte renferme des mémoriaux dédiés à près de 300 personnages illustres de Grande-Bretagne, dont Florence Nightingale, T.E. Lawrence (d'Arabie) et sir Winston Churchill. Certains sont enterrés ici, notamment le duc de Wellington, le vice-amiral Horatio Nelson, sir Christopher Wren et les peintres sir Joshua Reynolds, sir John Everett Millais, J.M.W. Turner et William Holman Hunt.

L'oculus projette des images sur les murs de l'ancien trésor. Si l'ascension du dôme ne vous tente pas, vous pouvez en avoir un aperçu audiovisuel ici.

La crypte abrite aussi le **café** et la **boutique** de la cathédrale.

La cinquième église

L'église mère de Londres occupe cet emplacement depuis 604. La cathédrale de Wren en est la cinquième version, érigée pour remplacer l'imposante Old St Paul gothique après sa destruction dans le grand incendie. Cette dernière était plus longue et plus haute que la cathédrale de Wren.

Jardin et alentours

Juste à l'extérieur du transept nord, le **monument au peuple de Londres**, sobre, rend hommage aux 32 000 civils tués et aux 50 000 blessés graves durant la Seconde Guerre mondiale. Non loin, la **croix de Saint-Paul**, surmontée d'une statue dorée du saint, remplace la croix d'origine de l'époque édouardienne retirée en 1643.

Les incontournables

Tour de Londres

Chargée d'une histoire aussi sanglante que fascinante, la Tour compte parmi les sites incontournables de Londres. Née sous le règne de Guillaume le Conquérant, la bâtisse est en fait un château doté de 22 tours qui servit de palais, d'observatoire, d'armurerie, d'hôtel de la Monnaie, de zoo, de prison et de site d'exécution.

PLAN P. 116, H5

www.hrp.org.uk/tower-of-london

Petty Wales, EC3

adulte/enfant 25/ 11,90 £, audioguide 4 £

9h-16h30 mar-sam, à partir de 10h dim-lun

Tower Hill

Tower Green et site de l'échafaud

Ce qui, à première vue, semble être une paisible section de la cour intérieure de la Tour est en réalité l'une des plus sanglantes. Parmi les exécutés à l'échafaud figurent deux des épouses d'Henri VIII, Anne Boleyn et Catherine Howard ; lady Jane Grey, 16 ans, qui s'attira les foudres de la fille d'Henri VIII, Marie Ire, lorsque sa famille tenta de la faire couronner reine ; et Robert Devereux, comte d'Essex et ancien favori d'Elizabeth Ire. Juste à l'ouest de l'échafaud, la **Beauchamp Tower** (1280) porte les tristes messages et autres inscriptions des prisonniers de marque.

Chapelle royale de St Peter ad Vincula

Située au nord de Tower Green, la chapelle royale de St Peter ad Vincula (Saint-Pierre-aux-Liens) est un rare exemple subsistant d'architecture religieuse Tudor. Trois saints (Thomas More, John Fisher et Philip Howard, bien que la dépouille du dernier fût ensuite déplacée à Arundel) et trois reines (Anne Boleyn, Catherine Howard et Jane Grey) y sont enterrées. L'église peut se découvrir lors d'une visite des Yeoman Warders, ou pendant la première et la dernière heure des horaires habituels d'ouverture.

Joyaux de la Couronne

À l'est de la chapelle royale et au nord de la tour Blanche (White Tower), les **Waterloo Barracks** abritent les joyaux de la Couronne. Une fois dans la salle, vous serez ébloui par les sceptres, orbes et, bien sûr, couronnes, richement ornés de bijoux. Un tapis roulant défile devant la dizaine de couronnes et autres éléments de couronnement, dont la couronne de platine de feu la reine mère, Élisabeth, sertie du diamant Koh-i Noor ("Montagne de lumière" en persan) de 106 carats, et le sceptre à la croix surmonté de la grande étoile d'Afrique (ou Cullinan I), un

★ À savoir

- Achetez vos tickets en ligne (valables pendant 7 jours) pour économiser 3,80 £ et éviter l'attente.
- Commencez par une visite gratuite avec un Yeoman Warder, une manière idéale de vous familiariser avec le site.
- Ne prévoyez pas votre visite trop tard dans la journée car il y a beaucoup à voir.

✕ Une petite pause ?

Le **New Armouries Cafe** de brique rouge, dans l'angle sud-est de la cour intérieure, sert *fish and chips*, sandwichs et gâteaux.

Si la visite vous a donné soif, le meilleur pub du coin est le **Ship** (☎ 020-7702 4422 ; www.shipec3.co.uk ; 3 Hart St, EC3 ; ⏲ 11h30-22h lun, 11h30-23h mar-ven ; ⊖ Tower Hill).

diamant de 530 carats. Un peu plus loin, la pièce maîtresse est exposée seule : la couronne impériale, incrustée de 2 868 diamants (dont la petite étoile d'Afrique, ou Cullinan II, de 317 carats), de saphirs, d'émeraudes, de rubis et de perles. La reine la porte lors de la cérémonie d'ouverture du Parlement, en mai ou en juin.

White Tower et the Royal Armouries

Érigée en pierre en tant que forteresse en 1078, la tour Blanche (White Tower) est la "Tour" d'origine. Elle tire son nom du fait qu'Henri III la fit blanchir à la chaux au XIIIe siècle. Si elle ne semble pas si haute aujourd'hui, au Moyen Âge, elle devait dominer toutes les huttes en bois entourant les murs du château et intimider les paysans. Hormis la **St John's Chapel**, l'intérieur est principalement consacré à la collection de l'armurerie royale, réunissant canons, armes à feu, cottes de mailles et armures pour hommes et chevaux. Parmi les pièces les plus remarquables à l'entrée, notons deux armures d'Henri VIII, l'une fabriquée pour un fringant jeune homme de 24 ans, l'autre pour un quinquagénaire enveloppé, avec un tour de taille de 129 cm.

St John's Chapel

Cette chapelle (1080) sans ornement, dotée d'un plafond voûté, d'arcs plein cintre et de 12 colonnes en pierre, est un bel exemple d'architecture normande et le plus ancien lieu de culte chrétien toujours debout à Londres.

Bloody Tower

La "tour sanglante" (1225) doit son nom aux "princes de la tour", Édouard V et son jeune frère Richard, qui furent séquestrés et assassinés ici afin d'empêcher leur accession au trône. Leur oncle, Richard III, est généralement tenu pour responsable, mais une animation permet de voter pour celui que vous suspectez. Vous y verrez aussi des objets ayant appartenu à l'aventurier élisabéthain, sir Walter Raleigh, emprisonné ici à trois reprises par la capricieuse Élisabeth Ire.

Palais médiéval

À l'intérieur de la **St Thomas' Tower**, découvrez à quoi devaient ressembler les appartements d'Édouard Ier. En face, la **Wakefield Tower**, édifiée par Henri III entre 1220 et 1240, est aujourd'hui meublée de la réplique d'un trône et d'un candélabre afin de restituer l'ambiance de l'époque.

Bowyer Tower

Derrière les Waterloo Barracks, c'est dans la Bowyer Tower que George, duc de Clarence, frère et rival d'Édouard IV, fut emprisonné et, selon la légende, noyé dans un tonneau de malvoisie. La tour renferme des pièces liées au duc de Wellington.

Promenade sur les remparts

L'immense mur intérieur de la Tour fut ajouté par Henri III en 1220. La promenade sur les remparts

Sites phares de la Tour de Londres

Yeoman Warders

Véritables icônes de la Tour, les Yeoman Warders gardent la forteresse depuis le XVe siècle. Leur effectif maximal est de 40. Ils doivent avoir servi au moins 22 ans dans un corps des Forces armées britanniques pour pouvoir postuler. En 2007, une femme a obtenu ce poste. Si les Yeoman Warders semblent conviviaux, ne les appelez pas Beefeaters (mangeurs de bœuf) – c'est un surnom qu'ils détestent. L'origine de ce nom est incertaine et remonte au moins au XVIIe siècle, mais il pourrait venir des rations de bœuf – un luxe à l'époque – qui leur étaient servies autrefois. Chaque gardien reçoit une bouteille de Beefeater Gin pour son anniversaire dans le cadre d'un vieil arrangement avec les producteurs pour l'utilisation de leur image sur les bouteilles.

Les corbeaux

Selon la légende, Charles II exigeait la présence de corbeaux à la Tour sous peine que le royaume ne s'effondre. Six corbeaux sont toujours présents aujourd'hui. Leurs ailes sont rognées pour rassurer les superstitieux.

Cérémonie des clés

La cérémonie de la fermeture des portes a lieu tous les jours sans exception depuis 700 ans. Elle débute à 21h53 précises pour se terminer à 22h05. Même quand une bombe a touché la Tour lors du Blitz, la cérémonie n'a été retardée que de 30 minutes – pour certains, c'est la preuve du célèbre flegme britannique, pour d'autres ce n'est que pure folie. L'entrée pour la cérémonie, à 21h30, est gratuite, mais il faut réserver en ligne (www.hrp.org.uk).

comprend la **Salt Tower**, la **Broad Arrow Tower,** la **Constable Tower** et s'achève avec la **Martin Tower**, qui abrite une exposition d'éléments d'origine de couronnement. Le colonel Thomas Blood, déguisé en prêtre, tenta d'y dérober les joyaux de la Couronne en 1671.

Visites guidées

Si les Yeoman Warders (hallebardiers) gardent la Tour, leur principal rôle aujourd'hui est celui de guide. Les **visites** gratuites d'1 heure partent de la Middle Tower toutes les 30 minutes jusqu'à 15h30 (14h30 en hiver).

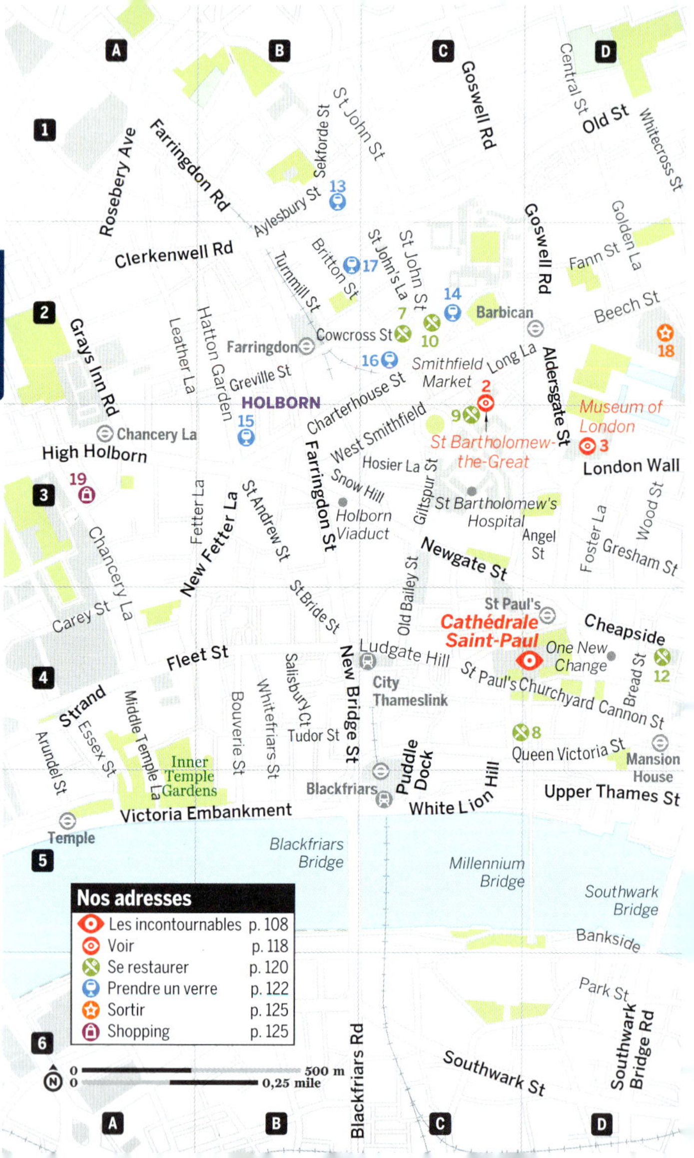
Nos adresses
Les incontournables p. 108
Voir p. 118
Se restaurer p. 120
Prendre un verre p. 122
Sortir p. 125
Shopping p. 125
0 500 m
0 0,25 mile
Cathédrale Saint-Paul
Museum of London
St Bartholomew-the-Great
HOLBORN
Smithfield Market
St Bartholomew's Hospital
Holborn Viaduct
Inner Temple Gardens
City Thameslink
One New Change
Barbican
Farringdon
Chancery La
St Paul's
Blackfriars
Temple
Mansion House
Blackfriars Bridge
Millennium Bridge
Southwark Bridge
Victoria Embankment
Upper Thames St
Queen Victoria St
White Lion Hill
Puddle Dock
Cheapside
St Paul's Churchyard
Cannon St
Ludgate Hill
New Bridge St
Fleet St
Strand
High Holborn
Clerkenwell Rd
Farringdon Rd
Farringdon St
Goswell Rd
Aldersgate St
London Wall
Newgate St
Old Bailey St
Charterhouse St
West Smithfield
Long La
Cowcross St
St John St
St John's La
Britton St
Turnmill St
Aylesbury St
Sekforde St
Rosebery Ave
Grays Inn Rd
Leather La
Hatton Garden
Greville St
Fetter La
New Fetter La
St Andrew St
St Bride St
Snow Hill
Hosier La
Giltspur St
Angel St
Foster La
Wood St
Gresham St
Bread St
Chancery La
Carey St
Essex St
Arundel St
Middle Temple La
Bouverie St
Whitefriars St
Salisbury Ct
Tudor St
Central St
Old St
Whitecross St
Golden La
Fann St
Beech St
Bankside
Park St
Southwark St
Southwark Bridge Rd
Blackfriars Rd
A B C D
1 2 3 4 5 6

E
F
G
H
1
2
3
4
5
6
Leonard St
Paul St
Scrutton St
Holywell Row
Curtain Rd
Great Eastern St
Redchurch St
Bethnal Green Rd
Sclater St
Shoreditch High St
Quaker St
Brick La
Bunhill Row
City Rd
Tabernacle St
Worship St
Wilson St
Appold St
Shoreditch High St
Commercial St
Hanbury St
Lamb St
Chiswell St
Sun St
Exchange Sq
Fournier St
Brushfield St
Silk St
Ropemaker St
South Pl
Liverpool
Artillery La
Moor La
Moorgate
Finsbury Circus
Bishopsgate
Middlesex St
Commercial St
Fore St
Moorgate
Blomfield St
Liverpool St
London Wall
Wentworth St
Wormwood St
Goulston St
Basinghall St
Coleman St
Moorgate
Throgmorton Ave
Old Broad St
City Social
Houndsditch
St Mary Axe
Petticoat Lane Market
Lothbury
Aldgate
Aldgate High St
LA CITY
Princes St
Threadneedle St
Queen St
Poultry
Cornhill
Leadenhall St
Jewry St
Minories
Mansell St
Bank
Jamaica Wine House
King William St
Gracechurch St
Lime St
Fenchurch St
Walbrook
Crutched Friars
Fenchurch St
Cannon St
4 Sky Garden
Cannon St
Mark La
11
Monument
Eastcheap
Great Tower St
1 Monument
Tower Hill
Tower Hill
Cousin La
Angel La
Lower Thames St
5
All Hallows by the Tower
Tour de Londres
East Smithfield
Old Billingsgate Market
Tower Bridge Approach
Tamise
London Bridge
Tower Bridge Exhibition 6
Clink St
Thames Path
Duke Hill St
Borough High St
London Bridge
Tooley St
St Thomas St

Voir

Monument

TOUR

1 PLAN P. 116, F5

La colonne construite en 1677 par sir Christopher Wren, tout simplement appelée le Monument, fut érigée en mémoire du grand incendie de Londres de 1666, qui eut de lourdes conséquences sur l'histoire de la capitale. Il s'agit d'une immense colonne dorique en pierre de Portland, de 4,5 m de large et 60,6 m de haut – soit l'exacte distance qui la sépare de la boulangerie de Pudding Lane où l'incendie démarra. Tickets payables en espèces uniquement. (020-7403 3761 ; www.themonument.org.uk ; Fish St Hill, EC3 ; adulte/enfant 5/2,50 £, avec Tower Bridge Exhibition 12/5,50 £ ; 9h30-17h30 avr-sept, 17h oct-mars ; Monument)

St Bartholomew-the-Great

ÉGLISE

2 PLAN P. 116, C2

L'une des plus anciennes églises de la ville (1123) jouxte l'un des plus anciens hôpitaux de Londres. Les arches normandes et le profond aspect historique confèrent au lieu saint un calme ancien et traverser l'arche à colombages restaurée du XIIIe siècle en arrivant du Smithfield Market, non loin, semble être un voyage dans le temps. L'église faisait partie d'un prieuré augustinien, elle devint l'église paroissiale de Smithfield en 1539 lors de la dissolution des monastères sous Henri VIII. (020-7600 0440 ; www.greatstbarts.com ; West Smithfield, EC1 ; adulte/enfant 5/3 £ ; 8h30-17h lun-ven, 10h30-16h sam, 8h30-20h dim ; Barbican)

Museum of London

MUSÉE

3 PLAN P. 116, D3

Aussi amusant qu'instructif, ce musée offre une balade à travers les diverses étapes de la ville, du Londinium romain à la métropole du XXIe siècle, en passant par le Ludenwic anglo-saxon. Intéressants objets et présentations interactives s'accordent pour faire renaître chaque époque, tout en sobriété, et font de ce musée l'un des meilleurs de la capitale. Visites thématiques gratuites organisées toute la journée ; consultez les horaires à l'entrée. (020-7001 9844 ; www.museumoflondon.org.uk ; 150 London Wall, EC2 ; entrée libre ; 10h-18h tlj ; Barbican)

Sky Garden

POINT DE VUE

4 PLAN P. 116, F5

Le sixième édifice le plus haut de la City n'a pas fait l'unanimité lors de son inauguration en 2014. Officiellement appelé 20 Fenchurch St, il fut rapidement surnommé le "Walkie Talkie" par les Londoniens mécontents. Les vitres réfléchissantes ont endommagé la carrosserie de plusieurs voitures garées aux alentours. Toutefois, l'ouverture du jardin public sur 3 niveaux à 155 m de hauteur, dans le dôme vitré au sommet, a convaincu les plus réticents. L'entrée est libre, mais il faut réserver un créneau horaire. (020-7337 2344 skygarden.london ; L35-37, 20 Fenchurch St, EC3 ; entrée libre ; 10h-18h lun-ven, 11h-21h sam-dim ; Monument)

All Hallows by the Tower ÉGLISE

5 PLAN P. 116, G5

All Hallows ("tous les saints") date de 675 et survécut pratiquement sans dommage au grand incendie, mais fut sévèrement touchée pendant les bombardements allemands de 1940. Entrez dans l'église et visitez la crypte, qui abrite un tronçon de voie romaine du IIe siècle et les fondations de l'église saxonne du VIIe siècle. Visites gratuites de 20 minutes de 14h à 16h, presque tous les jours en semaine, d'avril à octobre. (020-7481 2928 ; www.ahbtt.org.uk ; Byward St, EC3 ; 8h-18h lun-ven, 10h-17h sam-dim avr-oct, 8h-17h lun-ven, 10h-17h sam-dim nov-mars ; Tower Hill)

Tower Bridge Exhibition PONT

6 PLAN P. 116, H6

Cette fascinante exposition dévoile le fonctionnement de Tower Bridge. Si la technique ne vous passionne pas, il reste intéressant d'entrer dans le pont et d'admirer la Tamise depuis le haut. Un ascenseur conduit au sommet, 42 m au-dessus du fleuve, où l'on peut se promener sur les deux passerelles bordées de panneaux explicatifs. Un impressionnant sol en verre de 11 m de long offre une vue plongeante sur la route et le

Sky Garden

fleuve en contrebas. (020-7403 3761 ; www.towerbridge.org.uk ; Tower Bridge, SE1 ; adulte/enfant 9,80/4,20 £, avec le Monument 12/5,50 £ ; 10h-17h30 avr-sept, 9h30-17h oct-mars ; Tower Hill)

Se restaurer

Polpo

ITALIEN £

7 PLAN P. 116, C2

Occupant un emplacement ensoleillé de la rue semi-piétonne Cowcross St, ce charmant petit restaurant sert des boulettes de viande à la vénitienne, des *pizzette* (petites pizzas), de la viande grillée et des plats de poisson. Portions moyennes (entre tapas et plat), idéales pour goûter plus d'un des délicieux plats. Rapport qualité/prix exceptionnel. (020-7250 0034 ; www.polpo.co.uk ; 3 Cowcross St, EC1M ; plats 4-12 £ ; 11h30-23h lun-sam ; Farringdon)

Miyama

JAPONAIS ££

8 PLAN P. 116, C4

Bien dissimulé au sous-sol d'un immeuble quelconque (l'entrée se fait par Knightrider St), ce chaleureux restaurant japonais semble être un secret bien gardé. Il y en a pour tous les goûts, des nouilles *soba* et *udon* aux sushis et boîtes bento. Prenez place au bar à sushis ou *teppanyaki* pour un spectacle culinaire, ou installez-vous au restaurant, plus sobre. (020-7489 1937 ; www.miyama-restaurant.co.uk ; 17 Godliman St, EC4 ; plats 8-26 £ ; 11h30-14h30 et 17h45-21h30 lun-ven ; St Paul's)

Polpo

Le grand incendie de Londres

Comme presque tous ses bâtiments étaient en bois, Londres a essuyé bon nombre d'incendies au fil des siècles. Le plus grave d'entre eux se déclare le 2 septembre 1666, dans une boulangerie de Pudding Lane, dans la City. À première vue, il ne semble pas très impressionnant. Le maire lui-même déclare qu'il a été facilement circonscrit, avant d'aller se recoucher. Mais la chaleur, inhabituelle pour un mois de septembre, et le vent auront un effet dévastateur. Le feu fait rage pendant des jours, réduisant 80% de la ville en cendres. Huit personnes périssent (officiellement du moins), mais une grande partie de l'architecture médiévale, Tudor et jacobéenne de la capitale est détruite. L'incendie sera finalement maîtrisé (à Fetter Lane, aux frontières de la ville) mais il occasionnera la destruction de tous les bâtiments sur son passage. L'ampleur des dégâts est immense : 89 églises et plus de 13 000 maisons ont brûlé, laissant des dizaines de milliers de personnes sans domicile. De nombreux Londoniens décideront alors d'aller s'installer à la campagne ou de partir tenter leur chance en Amérique.

Club Gascon

FRANÇAIS ££

9 PLAN P. 116, C3

Murs de marbre, nappes blanches et extrême professionnalisme confèrent à ce restaurant étoilé Michelin une ambiance de club de gentlemen à l'ancienne. Les spécialités du Sud-Ouest de la France y sont revisitées de manière contemporaine. Assez cher à la carte, mais l'établissement propose une excellente formule déjeuner de 2 plats ("express lunch", 25 £). Demandez-la car elle n'est pas proposée automatiquement. (020-7600 6144 ; www.clubgascon.com ; 57 West Smithfield, EC1 ; plats 16-28 £ ; 12h-14h et 18h-22h mar-ven, 18h-22h sam ; Barbican)

St John

ANGLAIS ££

10 PLAN P. 116, C2

Murs de briques blanchies, haut plafond et mobilier en bois simple ne composent pas un endroit *cosy* mais permettent aux clients de se concentrer sur la célèbre cuisine durable du St John. Les généreuses portions sont un hommage au passé culinaire de l'Angleterre. Savourez la moelle de bœuf rôtie et sa salade de persil, le plat signature de la maison (8,90 £). (020-7251 0848 ; www.stjohngroup.uk.com/spitalfields ; 26 St John St, EC1M ; plats 14,80-24,90 £ ; 12h-15h et 18h-23h lun-ven, 18h-23h sam, 12h30-16h dim ; Farringdon)

Panorama gratuit de Londres

Conçu par Jean Nouvel, le **One New Change** (Plan p. 116, D4 ; www.onenewchange.com ; 1 New Change, EC4M ; 10h-18h lun-mer et sam, 10h-20h jeu-ven, 12h-18h dim ; St Paul's) – surnommé "bombardier furtif" par certains en raison de sa forme distinctive – est un centre commercial abritant les grandes enseignes habituelles. Mais prenez l'ascenseur jusqu'au 6e étage pour découvrir une plateforme d'observation offrant un panorama sur le dôme de la cathédrale Saint-Paul et sur Londres.

Wine Library

BUFFET ££

11 PLAN P. 116, H5

Idéal pour un déjeuner léger arrosé d'un verre de vin face à la Tour de Londres. Choisissez une bouteille de vin parmi la vaste sélection (prix de détail, droit de bouchon 9,50 £) puis entrez dans la cave voûtée pour grignoter à volonté les délicieux pâtés, charcuterie, fromage, pain et salades. (020-7481 0415 ; www.winelibrary.co.uk ; 43 Trinity Sq, EC3 ; buffet 18 £ ; 10h-18h lun, 10h-20h mar-ven ; Tower Hill)

Café Below

CAFÉ £

12 PLAN P. 116, D3

Installé dans la crypte de l'une des églises les plus célèbres de Londres, ce café-restaurant à l'atmosphère particulière offre un excellent rapport qualité-prix.Il prépare de bons petits plats, comme une quiche aux champignons, poireau et fromage Stilton, une salade Caesar, ou encore de la poitrine de canard fumée au chutney de cranberries. Options végétariennes et véganes. En été, des tables sont dressées dans la cour ombragée. (020-7329 0789 ; www.cafebelow.co.uk ; St Mary-le-Bow, Cheapside, EC2 ; plats 10,50-16 £ ; 7h30-14h30 lun-ven ; Mansion House, St Paul's)

Prendre un verre

Zetter Townhouse Cocktail Lounge

BAR À COCKTAILS

13 PLAN P. 116, B1

Dissimulé derrière une modeste porte sur St John's Sq, ce bar en rez-de-chaussée est décoré de fauteuils en peluche, de têtes d'animaux empaillés et d'une légion de lampes. La carte des cocktails s'inspire de l'histoire des distilleries du quartier – recettes vintage et concoctions maison créent des boissons aussi originales qu'intéressantes. Cocktails de la maison : 11 £. (020-7324 4545 ; www.thezettertownhouse.com ; 49-50 St John's Sq, EC1V ; 7h-minuit dim-mer, 7h-1h jeu-sam ; ; Farringdon)

Fox & Anchor PUB

14 PLAN P. 116, C2

Derrière la superbe façade Art nouveau du Fox & Anchor se cache un magnifique pub victorien qui a conservé ses trois arrière-salles derrière le bar. Célébrant sa proximité avec le Smithfield Market, sa cuisine est riche en viande. Seuls les carnivores les plus voraces choisiront le City Boy Breakfast (19,50 £). (www.foxandanchor.com ; 115 Charterhouse St, EC1M ; 7h-23h lun-ven, 8h30-23h sam, 11h-23h dim ; ; Barbican)

Ye Olde Mitre PUB

15 PLAN P. 116, B3

Pub ancien à l'atmosphère chaleureuse niché dans une petite rue non loin de Hatton Garden, il date de 1546 et accueillait initialement les serviteurs d'Ely Palace, aujourd'hui disparu. Pas de musique, seul le doux bruit des bavardages. La reine Élisabeth Ire aurait dansé autour du cerisier près du bar. (www.yeoldemitreholborn.co.uk ; 1 Ely Ct, EC1N ; 11h-23h lun-ven ; ; Farringdon)

Sky Pod BAR

Il faut réserver pour le Sky Garden (p. 118) afin d'accéder au bar sur le toit (voir 4 Plan p. 116, F5), et si vous voulez une table, mieux vaut en réserver une à la même heure. La vue est superbe, mais il y fait un peu froid en hiver. Shorts, tenue de sport, baskets et tongs interdits après 17h. (0333 772

Fox & Anchor

Meilleurs endroits de la City pour...

Un bouillon de culture Mine culturelle (loin d'être très joli), le **Barbican** attire les amateurs avec sa programmation théâtrale, musicale, cinématographique, artistique et de danse.

Un repas avec vue Rien de tel qu'un dîner au **City Social** (Plan p. 116, F3 ; 020-7877 7703 ; L24, 25 Old Broad St, EC2 ; plats 26-38 £ ; 12h-1h lun-sam ; Bank), un grand restaurant de la Tower 42. Essayez de repérer votre hôtel au coucher du soleil !

Un cocktail à l'ancienne Leurs horaires sont restreints, mais les pubs de la City débordent de charme et d'histoire. Le **Jamaica Wine House** (Plan p. 116, F4 ; 020-7929 6972 ; www.jamaicawinehouse.co.uk ; 12 St Michael's Alley, EC3 ; 11h-23h lun-ven ; Bank) fut, par exemple, le tout premier café de Londres.

0020 ; www.skygarden.london ; L35, 20 Fenchurch St, EC3 ; 7h-23h lun, jusqu'à minuit mar, jusqu'à 1h mer-ven, 8h-1h sam, 8h-23h dim ; Monument)

Fabric CLUB

16 PLAN P. 116, C2

Dans un immense entrepôt frigorifique reconverti, face au marché de la viande de Smithfield, le principal club de Londres aux trois pistes de danse attire les foules (achetez vos entrées en ligne). La soirée FabricLive (certains vendredis) est dédiée à la drum and bass et au dubstep, Fabric (généralement le samedi mais aussi certains vendredis) est la soirée DJ. Le dimanche, WetYourSelf! propose house, techno et électro. (0207 336 8898 ; www.fabriclondon.com ; 77a Charterhouse St, EC1M ; 5-25 £ ; 23h-7h ven, jusqu'à 8h sam, jusqu'à 5h30 dim ; Farringdon, Barbican)

Jerusalem Tavern PUB

17 PLAN P. 116, B2

Asseyez-vous dans un box lambrissé de ce minuscule pub plein de cachet, installé dans un édifice de 1720, et choisissez l'une des fantastiques bières brassées par la St Peter's Brewery de Suffolk. Lieu très prisé et souvent bondé. (www.stpetersbrewery.co.uk ; 55 Britton St, EC1M ; 11h-23h lun-ven ; ; Farringdon)

Sortir

Barbican Centre ARTS DE LA SCÈNE

18 PLAN P. 116, D2

Siège du London Symphony Orchestra et du BBC Symphony Orchestra, le **Barbican** (020-7638 4141 ; visites adulte/enfant 12,50/10 £ ; 9h-23h lun-sam, 11h-23h dim) accueille aussi de nombreux concerts, notamment des artistes jazz, folk, world music et soul. La danse y est aussi représentée et le cinéma propose des films récents et des festivals. (020-7638 8891 ; www.barbican.org.uk ; Silk St, EC2 ; billetterie 10h-20h lun-sam, 11h-20h dim ; Barbican)

Shopping

London Silver Vaults

ART ET ARTISANAT

19 PLAN P. 116, A3

Les 30 boutiques installées dans ces chambres fortes souterraines sécurisées possèdent la plus importante collection d'argenterie au monde rassemblée sous un seul toit. Chacun des commerces est spécialisé dans un type particulier d'argenterie : de l'argenterie ménagère à celle d'encadrement, en passant par les sculptures d'animaux et, bien sûr, on y trouve beaucoup de bijoux. (020-7242 3844 ; www.silvervaultslondon.com ; 53-63 Chancery Lane, WC2 ; 9h-17h30 lun-ven, 9h-13h sam ; Chancery Lane)

Promenade à pied

L'East London olympique

Les jeux Olympiques de 2012 ont transformé de vastes portions de l'est londonien. Autour du stade, l'ancienne friche industrielle est désormais un parc florissant doté d'infrastructures sportives de premier plan, d'espaces aquatiques et d'une plage urbaine. Les quartiers voisins comme Hackney Wick ou Victoria Park ont également profité de cette revalorisation.

Comment y aller

La station Stratford figure sur la Central Line et la Jubilee Line. Bethnal Green est sur la Central Line.

La station Stratford est desservie par l'Overground.

❶ Aquatics Centre

Les lignes fluides et courbes du London **Aquatics Centre** (www.londonaquaticscentre.org ; adulte/enfant à partir de 5,35/3 £ ; 6h-22h30), édifice primé conçu par Zaha Hadid, en font le clou du Queen Elizabeth Olympic Park. Le bassin de compétition de 50 m est baigné de lumière naturelle sous un immense toit ondoyant.

❷ En bateau sur la Lea

Le parc olympique s'étend sur plusieurs hectares le long de la rivière Lea. Pour une bonne vision d'ensemble, vous pouvez participer à un circuit organisé par **Lee & Stort Boats** (www.leeandstortboats.co.uk ; Stratford Waterfront Pontoon, E20 ; adulte/enfant 9/4 £ ; tlj avr-sept, sam-dim mars et oct).

❸ ArcelorMittal Orbit

Haute de 115 m, cette **structure** d'acier (www.arcelormittalorbit.com ; 3 Thornton St, E20 ; adulte/enfant 12,50/7,50 £, avec toboggan 17,50/12,50 £ ; 11h-17h lun-ven, 10h-18h sam-dim), conçue par Anish Kapoor, offre un superbe panorama depuis sa plateforme d'observation.

❹ London Stadium

Le **London Stadium** (www.london-stadium.com ; visites adulte/enfant 19/11 £ ; visites 10h-16h15), 54 000 places, accueille désormais le club de football de West Ham. En l'absence de matchs et de concerts, des visites multimédias autoguidées sont possibles.

❺ Hackney Wick et Hertford Union Canal

De l'autre côté du canal, Hackney Wick est devenu un repaire d'artistes. D'anciens entrepôts ont été couverts de graffitis et convertis en appartements, ateliers et microbrasseries, comme l'excellent **Howling Hops** (www.howlinghops.co.uk ; 12h-23h dim-jeu, jusqu'à minuit ven-sam).

❻ Victoria Park

Lacs, monuments, courts de tennis, parterres de fleurs et vastes pelouses composent **Victoria Park** (www.towerhamlets.gov.uk/victoriapark ; 7h-coucher du soleil), le "Regent's Park de l'East End", un espace arboré de 86 ha. À son inauguration en 1845, c'était le premier parc public de l'East End.

❼ Royal Inn on the Park

À la lisière nord du Victoria Park, ce **pub** (www.royalinnonthepark.com ; 12h-23h ;) propose des *real ales* et des blondes tchèques à la pression, une terrasse à l'avant et une grande cour à l'arrière. L'endroit est toujours animé.

❽ Dîner à l'Empress

Terminez votre promenade par un dîner à l'**Empress** (www.empresse9.co.uk ; plats 13,50-18,50 £ ; 18h-22h15 lun, 12h-15h30 et 18h-22h15 mar-sam, 10h-21h30 dim). Ce *gastropub* haut de gamme sert une fabuleuse cuisine britannique moderne.

Explorer

Tate Modern et South Bank

South Bank est devenu un quartier incontournable de Londres. Il abrite une myriade d'attractions au bord de la Tamise : le London Eye, le Southbank Centre, la célèbre Tate Modern, le Millennium Bridge, le Shakespeare's Globe, des pubs, une cathédrale et un des marchés les plus fréquentés de la capitale.

Muni de votre billet préréservé pour la grande roue London Eye (p. 136), installez-vous à bord d'une nacelle et profitez de la vue stratosphérique sur la ville (si le temps est clair). Un petit saut en bus ensuite jusqu'à l'Imperial War Museum (p. 137), pour une approche passionnante de la guerre des tranchées, de l'Holocauste et de la vie à Londres pendant le Blitz. Après un déjeuner à l'Anchor & Hope (p. 141), rejoignez la Tate Modern (p. 130). Prenez un cocktail avec vue sur la Tamise à l'Oblix (p. 142) avant de dévorer d'exquis mezzes à l'Arabica Bar & Kitchen (p. 142). Les amateurs de théâtre réserveront leur billet pour le National Theatre (p. 144) ou l'Old Vic (p. 144).

Comment y aller et circuler

Les stations Waterloo, Southwark et London Bridge sont toutes sur la Jubilee Line. London Bridge et Waterloo sont en outre desservies par la Northern Line et par le National Rail.

La ligne Riverside RV1 parcourt South Bank et Bankside, reliant les sites les plus importants (entre Covent Garden et Tower Gateway).

Plan de South Bank p. 134

South Bank et la Tamise

Les incontournables

Tate Modern

Cette spectaculaire galerie d'art moderne et contemporain compte parmi les sites les plus étonnants de Londres. Envoûtante synthèse d'art moderne et de vaste espace industriel en brique, la Tate Modern réussit à proposer au grand public des œuvres avant-gardistes, à travers sa collection permanente gratuite et ses expositions temporaires payantes.

PLAN P. 134, E2

www.tate.org.uk

entrée libre

10h-18h dim-jeu, 10h-22h ven-sam

Blackfriars, Southwark, London Bridge

Boiler House

La galerie d'origine occupe l'ancienne Bankside Power Station, appelée aujourd'hui Boiler House. L'imposant bâtiment de 200 m de long est composé de 4,2 millions de briques. Sa conversion en galerie d'art fut un tour de maître : l'attrait de la Tate Modern se base autant sur l'édifice et l'emplacement (les balcons très prisés au niveau 3 offrent une vue magnifique sur Saint-Paul) que sur ses œuvres.

Turbine Hall

En descendant la rampe de l'entrée principale, dans Holland St, le visiteur est accueilli par l'étonnante Turbine Hall (salle des turbines) de 3 300 m². Ce vaste espace, qui abritait les gigantesques turbines de la centrale électrique, accueille désormais des installations de grande envergure et des expositions temporaires. Certains critiques d'art déplorent son populisme, notamment l'"art participatif" (les toboggans du Test Site de Carsten Höller ; *Shibboleth*, l'énorme fissure dans le sol de Doris Salcedo ; et la sculpture géométrique que l'on peut escalader de Robert Morris), pour d'autres, cela rend l'art plus accessible. L'entrée côté fleuve conduit au niveau 1, plus discret.

Collection permanente

La collection permanente est organisée de manière thématique et chronologique aux niveaux 2 et 4 de la Boiler House et 0, 2, 3 et 4 de la Switch House. Cette dernière est principalement consacrée à l'art depuis les années 1960.

Plus de 60 000 œuvres sont en rotation constante, ce qui peut être frustrant si vous souhaitez voir une œuvre en particulier, mais ravira les visiteurs réguliers. Consultez l'excellent site Internet pour savoir si une œuvre est exposée et connaître son emplacement.

Les conservateurs ont à leur disposition des toiles de Georges Braque, Henri Matisse, Piet

★ À savoir

- L'audioguide (5 langues, 4 £) offre des explications sur une cinquantaine d'œuvres et propose des itinéraires pour petits et grands.
- Des visites guidées gratuites ont lieu tous les jours à 11h, 12h, 14h et 15h.
- Les Boiler House et Switch House sont reliées aux niveaux 0, 1 et 4 ; procurez-vous un plan (1 £) pour faciliter votre visite.

✕ Une petite faim ?

Si la balade de la Boiler House à la Switch House vous a donné faim, le gastropub Anchor & Hope (p. 141) sert une bonne cuisine britannique moderne.

Pour des cocktails très originaux et un brin de style, essayez le **Dandelyan** (www.mondrianlondon.com ; Mondrian London, 20 Upper Ground, SE1 ; 🕘 16h-1h lun-mer, 12h-2h jeu-sam, 12h-0h30 dim ; 📶 ; ⊖ Southwark).

ETTI, MODIGLIANI AND ZEID IN 2017

Mondrian, Andy Warhol, Mark Rothko et Jackson Pollock, ainsi que des pièces de Joseph Beuys, Damien Hirst, Rebecca Horn, Claes Oldenburg et Auguste Rodin.

La Start Display au niveau 2 de la Boiler House constitue un bon point de départ : cette petite exposition, sorte d'"avant-goût", présente certains des travaux les plus appréciés de la collection et donne aux visiteurs d'intéressants conseils pour appréhender les œuvres (très nombreuses) qui leur sont inconnues.

Switch House

La nouvelle extension de la Tate Modern tire son nom de l'ancien poste électrique qui se trouve toujours à l'extrémité sud-est du site. Pour faire écho à l'autre bâtiment, elle est aussi construite en briques, ces dernières sont légèrement plus claires et ont été disposées en treillis pour laisser entrer (et sortir – l'édifice est sublime de nuit) la lumière.

Assez austère, l'intérieur en béton brut (l'aspect original des Tanks) rappelle vaguement les constructions brutalistes décrépites, mais l'espace d'exposition est fantastique et laisse à la collection la place qu'elle mérite pour briller.

Les Tanks

Les trois énormes citernes souterraines contenaient autrefois le combustible de la centrale électrique. Ces espaces circulaires peu ordinaires sont désormais consacrés aux démonstrations d'art, performances, installations et films, ou au "new art" comme l'appelle la Tate.

La Tate en expansion

Les architectes suisses Herzog & de Meuron ont remporté le prestigieux prix Pritzker pour leur transformation de la Bankside Power Station, fermée en 1981. Conserver la cheminée centrale de 99 m de haut, ajouter une boîte en verre de 2 étages sur le toit et faire de la vaste Turbine Hall un spectaculaire hall d'entrée furent trois idées de génie. Herzog & de Meuron a aussi conçu la nouvelle extension, la Switch House.

Expositions temporaires

Depuis l'ouverture de la Switch House, la Tate Modern accueille un plus grand nombre d'expositions temporaires. Elles sont présentées aux niveaux 3 et 4 de la Boiler House et au niveau 2 de la Switch House ; toutes sont payantes (adulte 12,50-18,50 £ ; gratuit pour les enfants).

Parmi les expositions passées, on a pu découvrir des rétrospectives consacrées à Henri Matisse, Edward Hopper, Frida Kahlo, Roy Lichtenstein, August Strindberg, le nazisme et l'art dégénéré, Joan Miró ou encore Amedeo Modigliani.

A
B
C
D
1
2
3
4
5
6
Chancery La
Fleet St
New Bridge St
Ludgate Hill
City Thameslink
Drury La
Kingsway
Wellington St
Aldwych
Strand
Middle Temple La
Temple Ave
Tudor St
Blackfriars
Puddle Dock
Temple
Strand
Victoria Embankment
Blackfriars Bridge
Waterloo Bridge
Embankment
Festival Pier
Waterloo Rd
21
25
Upper Ground
Southbank Centre
7
26
Stamford St
Hatfields St
Southwark St
SOUTHWARK
24
Hungerford Bridge
Belvedere Rd
Coin St
Waterloo East
Meymott St
Great Suffolk St
Exton St
17
Joan St
Jubilee Gardens
SOUTH BANK
Wootton St
14
Southwark
London Eye Pier
London Eye
1
York Rd
Waterloo
Cornwall Rd
The Cut
15
Ufford St
Blackfriars Rd
Surrey Row
23
London Dungeon
6
Leake St
BOROUGH
Webber St
Lower Marsh
Baylis Rd
Pearman St
Waterloo Rd
Lancaster St
Westminster Bridge
Westminster Bridge Rd
Lambeth North
Borough Rd
Tamise
Lambeth Palace Rd
Carlisle La
St George's Rd
London Rd
Garden Row
LAMBETH
Imperial War Museum
4
West Square Gardens
Lambeth Rd
Kennington Rd
Hayles St
Brook Dr
0
500 m
0
0,25 mile
Lambeth Bridge

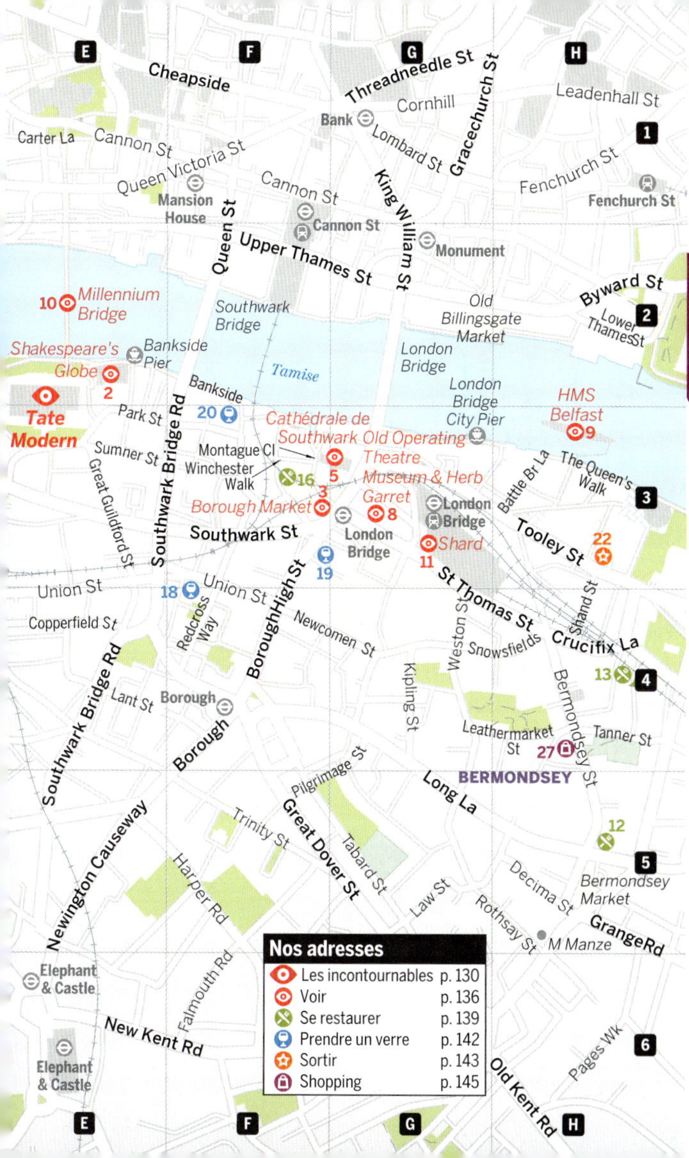
E
F
G
H
1
2
3
4
5
6
Cheapside
Threadneedle St
Gracechurch St
Leadenhall St
Cornhill
Bank
Lombard St
Carter La
Cannon St
Queen Victoria St
Mansion House
Cannon St
King William St
Fenchurch St
Fenchurch St
Queen St
Upper Thames St
Monument
10 Millennium Bridge
Southwark Bridge
Old Billingsgate Market
Byward St
Lower Thames St
Shakespeare's Globe 2
Bankside Pier
London Bridge
Tamise
London Bridge City Pier
HMS Belfast 9
Tate Modern
Bankside
Park St
20
Cathédrale de Southwark
Old Operating Theatre Museum & Herb Garret 5
Sumner St
Southwark Bridge Rd
Montague Cl
Winchester Walk
16
3
Borough Market
8
London Bridge
London Bridge
Battle Br La
The Queen's Walk
Great Guildford St
Southwark St
Tooley St
22
Shard 11
19
St Thomas St
Union St
18
Union St
Borough High St
Redcross Way
Newcomen St
Weston St
Snowsfields
Shand St
Crucifix La
Copperfield St
13
Southwark Bridge Rd
Lant St
Borough
Borough
Kipling St
Bermondsey St
Leathermarket St
27
Tanner St
BERMONDSEY
Pilgrimage St
Long La
Trinity St
Great Dover St
Tabard St
12
Newington Causeway
Harper Rd
Law St
Decima St
Rothsay St
Bermondsey Market
Grange Rd
M Manze
Elephant & Castle
Falmouth Rd
New Kent Rd
Elephant & Castle
Old Kent Rd
Pages Wk
Nos adresses
Les incontournables p. 130
Voir p. 136
Se restaurer p. 139
Prendre un verre p. 142
Sortir p. 143
Shopping p. 145

Voir

London Eye

POINT DE VUE

1 PLAN P. 134, A4

Dominant un relief relativement plat depuis ses 135 m de haut, cette grande roue permet de voir jusqu'à 40 km de distance par temps clair. Les tablettes interactives donnent des informations intéressantes (en 6 langues) sur les sites au fur et à mesure qu'ils apparaissent. Chaque rotation, d'une lenteur majestueuse, dure 30 minutes. En période de pointe (juillet, août et vacances scolaires), vous risquez de passer plus de temps dans la queue que dans la nacelle ; réservez un billet coupe-file pour gagner du temps. (0871 222 4002 ; www.londoneye.com ; adulte/étudiant 28/15 £ ; 11h-18h sept-mai, 10h-20h30 juin-août ; Waterloo, Westminster)

Shakespeare's Globe

ÉDIFICE HISTORIQUE

2 PLAN P. 134, E2

Contrairement à d'autres lieux présentant les pièces de Shakespeare, le nouveau Globe a été conçu pour ressembler le plus possible à l'original, c'est-à-dire à ciel ouvert, exposant les 700 "groundlings" (spectateurs debout) aux impressionnantes averses londoniennes. Le billet comprend une visite guidée du théâtre, ainsi qu'un accès à l'espace d'exposition consacré à Shakespeare et au théâtre du XVIIe siècle. (020-7902 1500 ; www.shakespearesglobe.com ; 21 New Globe Walk, SE1 ; adulte/enfant 17/10 £ ; 9h-17h tlj ; ; Blackfriars, London Bridge)

Borough Market

MARCHÉ

3 PLAN P. 134, F3

Situé ici sous une forme ou une autre depuis le XIIIe siècle (voire même depuis 1014), le "garde-manger de Londres " a connu une étonnante renaissance ces 15 dernières années. Constamment pris d'assaut par les gastronomes, les visiteurs et les Londoniens en quête d'inspiration pour leur prochaine *dinner party*, ce fabuleux marché est désormais une attraction touristique à part entière. Spécialisé dans les produits frais haut de gamme, il accueille également un nombre insensé de

South Bank

Le South Bank peut être divisé en trois principaux "centres" touristiques : le secteur situé à sa lisière sud-ouest, où se trouvent le London Eye et Southbank Centre ; le secteur appelé "Bankside", qui comprend la Tate Modern, le Shakespeare's Globe Theatre et Borough Market ; et la portion entre London Bridge et Tower Bridge, où sont regroupés le Shard, l'HMS *Belfast* et le City Hall.

stands proposant des pâtisseries et des plats à emporter. (www.boroughmarket.org.uk ; 8 Southwark St, SE1 ; 10h-17h mer-jeu, 10h-18h ven, 8h-17h sam ; London Bridge)

Imperial War Museum MUSÉE

4 PLAN P. 134, C6

Gardé par deux intimidants canons de marine, ce fascinant musée occupe l'ancien hôpital psychiatrique Bethlehem Royal Hospital, également appelé Bedlam. Bien qu'essentiellement consacré aux conflits ayant impliqué les armées de Grande-Bretagne ou du Commonwealth au XXe siècle, ce musée s'intéresse à la guerre de manière générale. Éléments phares du site, les modernes **First World War Galleries** et **Witnesses to War** sont installés dans l'avant-cour et dans l'atrium au-dessus. (020-7416 5000 ; www.iwm.org.uk ; Lambeth Rd, SE1 ; entrée libre ; 10h-18h tlj ; Lambeth North)

Cathédrale de Southwark ÉGLISE

5 PLAN P. 134, G3

Les parties les plus anciennes de cette "petite" cathédrale sont l'arrière-chœur (qui abrite quatre chapelles et faisait partie du prieuré de St Mary Overie au XIIIe siècle), à l'extrémité est, plusieurs arcs anciens près de l'entrée sud-ouest et un arc datant de l'église normande d'origine. Toutefois, la majeure partie de l'édifice est de style victorien. L'intérieur abrite quantité de monuments, notamment un mémorial à Shakespeare. Vêpres à 17h30 quatre jours par semaine, à 16h le samedi et 15h le dimanche. (020-7367 6700 ; www.cathedral.southwark.anglican.org ; Montague Cl, SE1 ; 8h-18h lun-ven, 8h30-18h sam-dim ; London Bridge)

Les dégustations du Borough Market

Les chasseurs de bonnes affaires ne manqueront pas le pèlerinage au Borough Market. Les étals y proposent quantité de dégustations gratuites ! Si vous n'êtes pas rassasié, optez pour l'un des nombreux stands proposant des plats à emporter.

London Dungeon BÂTIMENT HISTORIQUE

6 PLAN P. 134, A4

Les enfants raffolent du donjon de Londres, en témoignent les files d'attente pendant les vacances scolaires et les week-ends. Elle allie musique inquiétante, promenade spectrale en bateau, faux sang à foison, comédiens déguisés en tortionnaires et sanglants criminels (dont Jack l'Éventreur et Sweeney Todd), et multiples frayeurs interactives. (www.thedungeons.com/london ; County Hall, Westminster Bridge Rd, SE1 ; adulte/enfant 30/24 £ ; 10h-16h lun-mer et ven, 11h-16h jeu, 10h-18h sam, 10h-17h dim ; ; Waterloo, Westminster)

En bateau d'une Tate à l'autre

Pour un trajet culturel des plus pittoresques, prenez le **Tate Boat** (aller adulte/enfant 8,30/4,15 £) entre Bankside Pier, au niveau de la Tate Modern, et Millbank Pier, devant la Tate Britain (p. 56).

Southbank Centre CENTRE D'ART

7 PLAN P. 134, B3

La salle phare du Southbank Centre, le plus grand centre d'arts visuels et du spectacle d'Europe, est le **Royal Festival Hall**. Sa façade incurvée en verre et pierre de Portland est plus sympathique que celles de ses voisins brutalistes des années 1970. Cette salle de concert parmi les meilleures de Londres donne vie à cette partie de South Bank, avec ses cafés, restaurants, boutiques et bars. (020-3879 9555 ; www.southbankcentre.co.uk ; Belvedere Rd, SE1 ; ; Waterloo, Embankment)

Old Operating Theatre Museum & Herb Garret MUSÉE

8 PLAN P. 134, G3

Logé dans la tour de l'**église St Thomas** (1703), ce musée unique abrite le plus ancien bloc opératoire du pays. Redécouverte en 1956, la mansarde servait à l'apothicaire de l'hôpital St Thomas à entreposer des herbes médicinales. Le musée revient sur les horreurs de la médecine du XIXe siècle – avant l'anesthésie et les antiseptiques. Observez les remèdes naturels, tels que les escargots d'eau douce pour soigner les maladies vénériennes, et frissonnez devant les terribles couteaux et lames d'amputation. (www.oldoperatingtheatre.com ; 9a St Thomas St, SE1 ; adulte/enfant 6,50/3,50 £ ; 10h30-17h ; London Bridge)

HMS Belfast BATEAU-MUSÉE

9 PLAN P. 134, H3

Le HMS *Belfast* exerce un attrait irrésistible sur les amateurs de marine, quel que soit leur âge. Inauguré en 1938, cet imposant croiseur léger a servi pendant la Seconde Guerre mondiale – contribuant à couler le cuirassé allemand *Scharnhorst* et bombardant les côtes normandes lors du Débarquement –, avant de participer à la guerre de Corée. Ses canons à longue portée pouvaient atteindre des cibles jusqu'à 20 km de distance. L'exposition offre un formidable aperçu de la vie à bord, en temps de guerre comme de paix. (www.iwm.org.uk/visits/hms-belfast ; Queen's Walk, SE1 ; adulte/enfant 17/8,50 £ ; 10h-17h tlj ; London Bridge)

Millennium Bridge PONT

10 PLAN P. 134, E2

L'élégant Millennium Bridge en acier, aluminium et béton, relie la rive sud et la rive nord de la Tamise, au niveau de la Tate Modern et du bas de Peter's Hill qui mène à la cathédrale Saint-Paul. La structure surbaissée dessinée par sir Norman Foster et Antony Caro est spectaculaire, surtout de nuit, lorsqu'elle est éclairée avec des fibres optiques. La vue sur la cathédrale Saint-Paul depuis South Bank est une image emblématique de Londres. (St Paul's, Blackfriars)

The Shard ÉDIFICE REMARQUABLE

11 PLAN P. 134, G3

Semblant crever le ciel de Londres du haut de ses 244 m, l'impressionnante silhouette de "l'Écharde" est rapidement devenue un repère emblématique de la capitale. Les plateformes d'observation aux niveaux 69 et 72 sont ouvertes au public et la vue est imprenable. Pour économiser, réservez en ligne au moins un jour avant. (www.theviewfromtheshard.com ; 32 London Bridge St, SE1 ; adulte/enfant 32/25 £ ; horaires variables ; London Bridge)

Se restaurer

Padella ITALIEN £

Autre fantastique adresse dans l'enclave gastronomique de Borough Market (p. 136), Padella (voir 3 Plan p. 134, F3) est un petit bistro dynamique spécialisé dans les plats de pâtes maison, inspirés des nombreuses aventures culinaires des propriétaires en Italie. Les portions sont petites, vous pouvez (et devriez) donc prendre plusieurs plats. Remarquable. (www.padella.co ; 6 Southwark St, SE1 ; plats 4-11,50 £ ; 12h-15h45 et 17h-22h lun-sam, 12h-15h45 et 17h-21h dim ; ; London Bridge)

Padella

Pie 'n' mash

Les visiteurs curieux de découvrir comment les Londoniens se nourrissaient avant la mode des restaurants chics et ethniques pousseront la porte d'un restaurant traditionnel de *pie 'n' mash* (tourte de bœuf accompagnée de purée). Le **M Manze** (carte p. 134, H5 ; www.manze.co.uk ; 87 Tower Bridge Rd, SE1 ; plats à partir de 2,95 £ ; 11h-14h lun, 10h30-14h mar-jeu, 10h-14h30 ven, jusqu'à 14h45 sam ; Borough), inauguré en 1902, est un classique, avec son carrelage vieillissant et son menu ouvrier à l'ancienne (à partir de 2,95 £) : *pie 'n' mash* ou *pie 'n' liquor*. Optez pour les anguilles en gelée ou bien en civet.

Watch House CAFÉ £

12 PLAN P. 134, H5

Dire que Watch House se résume à ses délicieux sandwichs (à base de pains artisanaux produits localement) serait injuste. N'oublions pas l'excellent café, les délices sucrés et le cadre charmant (quoique exigu) – une maison de guet rénovée du XIXe siècle, d'où les gardes traquaient les pilleurs de tombes dans le cimetière voisin. (www.thewatchhouse.com ; 199 Bermondsey St, SE1 ; plats à partir de 4,95 £ ; 7h-18h lun-ven, 8h-18h sam, 9h-17h dim ; ; Borough, London Bridge)

Maltby Street Market MARCHÉ £

13 PLAN P. 134, H4

Ouvert pour désengorger l'immense Borough Market (p. 136), Maltby Street Market, avec ses échoppes traditionnelles, ses restaurants qui remplacent les vieux ateliers, et son flot de visiteurs, est victime de son succès. On y trouve des stands de qualité – proposant saumon frais de l'East London, burgers africains, fruits de mer et pâtisseries pour les gourmands. (www.maltby.st ; Maltby St, SE1 ; plats 5-10 £ ; 10h-17h sam, 11h-16h dim ; Bermondsey)

Skylon EUROPÉEN MODERNE ££

Cet excellent restaurant (voir 24 Plan p. 134, B3) à l'intérieur du Royal Festival Hall (p. 144) comprend une section grillades et un restaurant gastronomique séparés par un long bar. La décoration est inspirée des années 1950 (tons taupe, brun et bronze, chaises d'époque) et les grandes baies vitrées offrent une vue imprenable sur la Tamise et la City. Réservation conseillée. (020-7654 7800 ; www.skylon-restaurant.co.uk ; 3e ét, Royal Festival Hall, Southbank Centre, Belvedere Rd, SE1 ; menu 3 plats grill/restaurant 25/30 £ ; grill 12h-23h lun-sam,

12h-22h30 dim, restaurant 12h-14h30 et 17h-22h30 lun-sam, 11h30-16h dim ; ; Waterloo)

Anchor & Hope

GASTROPUB ££

14 PLAN P. 134, C4

Bastion de la scène culinaire de South Bank, ce *gastropub* est élégant sans pour autant être guindé. Le menu change quotidiennement mais peut inclure de l'épaule d'agneau de pré-salé cuit pendant 7 heures, du lapin aux anchois, amandes et roquette et une panna cotta à la compote de rhubarbe. (www.anchorandhopepub.co.uk ; 36 The Cut, SE1 ; plats 12-20 £ ; 17h45-22h30 lun, 12h-14h30 et 17h45-22h30 mar-sam, 12h30-15h15 dim ; Southwark)

Baltic

EUROPE DE L'EST ££

15 PLAN P. 134, D4

La vaste et lumineuse salle du Baltic, équipée d'une haute verrière et de poutres apparentes, invite à un voyage culinaire de la Pologne à la Géorgie, avec des saveurs authentiques et des plats joliment présentés : betterave et aneth, raviolis chinois et blinis, poissons fumés ou marinés, plats généreusement mijotés et viande braisée. La carte des vins et des vodkas est intéressante. (020-7928 1111 ; www.balticrestaurant.co.uk ; 74 Blackfriars Rd, SE1 ; plats 11,50-22 £, menu déj 2 plats 17,50 £ ; 17h30-23h15 lun, 12h-15h et 17h30-23h15 mar-sam, 12h-16h30 et 17h30-22h30 dim ; ; Southwark)

Shakespeare's Globe (p. 136)

Arabica Bar & Kitchen

MOYEN-ORIENT £££

16 PLAN P. 134, F3

Si la cuisine moyen-orientale fait aujourd'hui partie du paysage, cet établissement se distingue par des touches novatrices. Dans un cadre moderne et lumineux, la nourriture délicate et légère invite au partage (deux ou trois petites assiettes par personne). Inconvénient de cette formule de style tapas : la note est vite élevée. (020-3011 5151 ; www.arabicabarandkitchen.com ; 3 Rochester Walk, Borough Market, SE1 ; plats 6-14 £ ; 12h-23h lun-ven, 9h-23h30 sam, 12h-21h dim ; ; London Bridge)

Prendre un verre

Oblix

BAR

Au 32e étage du Shard (p. 139), l'Oblix (voir 11 Plan p. 134, G3) offre une vue envoûtante sur Londres. Prenez un café (3,50 £) ou un cocktail (à partir de 13,50 £) et profitez de la même vue que les galeries panoramiques pour moins cher, et avec une boisson ! Musique live tous les soirs à partir de 19h. (www.oblixrestaurant.com ; 32e étage, The Shard, 31 St Thomas St, SE1 ; 12h-23h tlj ; London Bridge)

King's Arms

PUB

17 PLAN P. 134, C3

Charmant et décontracté, ce bar de quartier à l'angle d'une rue de Waterloo était autrefois un funérarium. La grande partie bar traditionnel, avec cheminée en hiver, sert un bon choix d'*ales* et de *bitters*. Bondé à la sortie des bureaux, entre 18h et 20h. (020-7207 0784 ; www.thekingsarmslondon.co.uk ; 25 Roupell St, SE1 ; 11h-23h lun-ven, 12h-23h sam, 12h-22h30 dim ; Waterloo)

The Coffee House

CAFÉ

18 PLAN P. 134, F4

Ce petit nouveau parmi les cafés de Bankside est une aubaine, idéal pour les amateurs de café et afficionados de barista. La clientèle branchée qui le fréquente affiche peut-être un léger air prétentieux, mais l'endroit reste parfait, avec assez d'espace pour s'attarder tranquillement devant un café. (The Gentlemen Baristas ; www.thegentlemenbaristas.com ; 63 Union St, SE1 ; café 1,50-2,90 £ ; 7h-18h lun-jeu, 7h-23h ven, 8h30-17h sam, 8h30-16h dim ; ; London Bridge, Borough)

George Inn

PUB

19 PLAN P. 134, F3

Le National Trust possède et loue ce magnifique bar ancien, dernier relais de poste à galeries de Londres, reconstruit en 1677 (après sa destruction dans un incendie l'année précédente). Il apparaît dans *La Petite Dorrit*, de Dickens, et figure à l'emplacement de la Tabard Inn, là où les pèlerins des *Contes de Canterbury*, de Chaucer, se réunissent avant de prendre la route du Kent. (NT ; 020-7407 2056 ; www.nationaltrust.org.uk/

Le Bermondsey Beer Mile

Bermondsey est l'épicentre de la renaissance de la bière artisanale à Londres, aujourd'hui très tendance. Sur à peine plus d'un mile (environ 1,6 km), sept microbrasseries accueillent les amateurs les vendredis soir et les samedis, généralement de 11h à 17h.

Essayez la **Southwark Brewing Company** (www.southwarkbrewing.co.uk ; 46 Druid St, SE1 ; 17h-22h ven, 11h-18h sam, jusqu'à 16h dim ; London Bridge), installée dans une sorte de hangar garni de grandes tables et de canapés. L'**Anspach & Hobday** (www.anspachandhobday.com ; 118 Druid St, SE1 ; 17h-21h30 ven, 10h30-18h30 sam, 12h30-17h dim ; London Bridge), qui possède un agréable espace extérieur, mérite aussi le détour, notamment pour sa spécialité, la *porter* (bière brune torréfiée).

george-inn ; 77 Borough High St, SE1 ; 11h-23h tlj ; London Bridge)

Aqua Shard BAR

Ce bar-restaurant chic sur trois niveaux (voir 11 Plan p. 134, G3) permet de jouir de la vue hypnotique depuis le Shard (p. 139) sans payer l'entrée de la plateforme d'observation. Il y a souvent la queue et le bar ne prend pas de réservation (contrairement au restaurant). Allez-y tôt pour un café, ou très tard (vers minuit) pour éviter l'attente. Enfants bienvenus jusqu'à 18h. (www.aquashard.co.uk ; 31e ét., 31 St Thomas St, SE1 ; 10h30-1h dim-jeu, jusqu'à 3h ven-sam ; London Bridge)

Anchor Bankside PUB

20 PLAN P. 134, F3

Toujours recommandé – et à juste titre – ce bar en bord de fleuve date du XVIIe siècle. Les trajets jusqu'à la terrasse, toujours bondée, sont récompensés par une superbe vue sur la Tamise. L'auteur de dictionnaire du XVIIIe siècle Samuel Johnson, dont l'ami brasseur tenait le lieu, buvait ici, tout comme le diariste Samuel Pepys. (34 Park St, SE1 ; 11h-23h lun-mer, 11h-23h30 jeu-sam,12h-22h30 dim ; London Bridge)

Sortir

Shakespeare's Globe THÉÂTRE

Si vous aimez Shakespeare et le théâtre, vous adorerez le Globe (voir 2 Plan p. 134, E2). Cet authentique théâtre élisabéthain (p. 136) comporte une arène en bois arrondie à ciel ouvert, devant la scène, et des gradins couverts. Nombre de spectateurs (jusqu'à 700) choisissent d'ailleurs d'assister aux représentations debout, tels les *groundlings* du XVIIe siècle. (020-7401 9919 ; www.shakespearesglobe.com ; 21 New Globe Walk, SE1 ; place assise

20-45 £, parterre 5 £ ; ⊖Blackfriars, London Bridge)

National Theatre

THÉÂTRE

21 ✪ PLAN P. 134, B3

Toujours avec une distribution d'excellence, le porte-flambeau du théâtre britannique programme des œuvres classiques et contemporaines dans trois salles différentes (Olivier, Lyttelton et Dorfman). Rufus Norris, le directeur artistique depuis avril 2015, a mis en scène une pièce sur le Brexit en 2017. (Royal National Theatre ; ✆020-7452 3000 ; www.nationaltheatre.org.uk ; South Bank, SE1 ; ⊖Waterloo)

Unicorn Theatre

THÉÂTRE

22 ✪ PLAN P. 134, H3

Il est naturel que l'un des premiers théâtres destinés aux jeunes s'installe dans un quartier de théâtres réputés : le meilleur théâtre pour enfants doit être jugé selon les mêmes critères que le meilleur théâtre pour adultes. Les productions sont excellentes, variées et parfaitement adaptées à leur public. (✆020-7645 0560 ; www.unicorntheatre.com ; 147 Tooley St, SE1 ; ⊖London Bridge)

Old Vic

THÉÂTRE

23 ✪ PLAN P. 134, C4

L'acteur américain Kevin Spacey a pris les rênes de ce théâtre londonien en 2003. En avril 2015, Matthew Warchus (qui a dirigé *Matilda the Musical* et le film *Pride*) lui a succédé. Son but est d'offrir une programmation éclectique : nouvelles œuvres, reprises dynamiques de pièces et de comédies musicales. (✆0844 871 7628 ; www.oldvictheatre.com ; The Cut, SE1 ; ⊖Waterloo)

Southbank Centre

SALLE DE CONCERT

Le Southbank Centre (voir 7 ◎ Plan p. 134, B3) comprend plusieurs salles – Royal Festival Hall, Queen Elizabeth Hall et Purcell Room – qui accueillent un large éventail de spectacles. Outre la programmation habituelle, il organise de fantastiques festivals, dont **London Wonderground** (cirque et cabaret), **Udderbelly** (festival de comédie sous tous ses aspects) et **Meltdown** (événement musical organisé par de grands noms très éclectiques de la musique). (✆0844 875 0073 ; www.southbankcentre.co.uk ; Belvedere Rd, SE1 ; ⊖Waterloo)

Royal Festival Hall

SALLE DE CONCERT

24 ✪ PLAN P. 134, B3

L'amphithéâtre du Royal Festival Hall, l'un des meilleurs endroits pour voir des artistes de musique classique et du monde, accueille 2 500 personnes. L'acoustique y est fabuleuse et la programmation impeccable, sans oublier les concerts gratuits organisés dans le vaste foyer. (✆020-7960 4200 ; www.southbankcentre.co.uk ; Southbank Centre, Belvedere Rd, SE1 ; 📶 ; ⊖Waterloo)

Queen Elizabeth Hall
SALLE DE CONCERT

25 PLAN P. 134, B3

Cette salle accueille de plus petits spectacles de musique et de danse que son voisin le Royal Festival Hall, qui appartient aussi au Southbank Centre. Le Hall a rouvert en avril 2018 après une rénovation. (QEH ; www.southbankcentre.co.uk ; Southbank Centre, Belvedere Rd, SE1 ; Waterloo)

Rambert Dance Company
DANSE

26 PLAN P. 134, B3

L'innovante Rambert Dance Company, la troupe de danse la plus contemporaine du Royaume-Uni, se produit dans divers lieux de Londres, au Royaume-Uni et à l'étranger. (020-8630 0600 ; www.rambert.org.uk ; 99 Upper Ground, SE1)

Shopping

Lovely & British
CADEAUX ET SOUVENIRS

27 PLAN P. 134, H4

Comme son nom le suggère, cette belle boutique de Bermondsey vend des tableaux, des bijoux et des articles pour la maison (notamment de la vaisselle) provenant uniquement de créateurs britanniques. Un mélange éclectique d'articles aux tarifs très raisonnables qui constitueront de parfaits cadeaux ou souvenirs à ramener de votre visite londonnienne. (020-7378 6570 ; www.facebook.com/LovelyandBritish ; 132a Bermondsey St, SE1 ; 10h-18h lun-ven, 10h-19h sam, 11h-17h dim ; London Bridge)

Utobeer
ALIMENTATION

Cette échoppe de bières (voir 3 Plan p. 134, F3) située dans le Borough Market (p. 136) stocke près de 700 bouteilles internationales, sourcées par une équipe aussi passionnée que compétente. Parmi tous ces trésors, on trouve un large choix de bières américaines et européennes à emporter. Son pub, The Rake (p. 63), est juste à la sortie du marché. (http://boroughmarket.org.uk/traders/utobeer ; Borough Market, Unit 24, Middle Row, SE1 ; 11h-17h30 lun-ven, 9h-17h sam ; London Bridge)

Explorer

Musées de Kensington

Superbement entretenu, Kensington est l'un des plus beaux quartiers de Londres. On y trouve trois beaux musées – le V&A, le Natural History Museum et le Science Museum – ainsi que d'excellents restaurants et boutiques, de gracieux parcs et des rues élégantes à l'architecture d'époque.

Commencez par l'immense Victoria & Albert Museum (p. 148), où l'on peut aisément passer la journée. Avec des enfants, il est préférable de débuter par le Natural History Museum (p. 152) ou le Science Museum (p. 158). Au déjeuner, attablez-vous au V&A Café (p. 149). Pour brûler les calories du repas, rien de tel que les vastes espaces verts du centre de Londres : les galeries et les terrains de jeu de Hyde Park (p. 158) et des Kensington Gardens (p. 160), ainsi que Kensington Palace, raviront adultes et enfants. Si c'est le shopping qui vous intéresse, vous êtes au bon endroit : parcourez Old Brompton Rd de long en large, avec une étape obligatoire à Harrods (p. 165), sans oublier Kensington High Street et la King's Rd.

Comment y aller et circuler

⊖ Hyde Park Corner, Knightsbridge et South Kensington (Piccadilly Line) ; South Kensington, Sloane Sq et High St Kensington (Circle Line et District Line).

Les bus n°s 74, 52 et 360 desservent le quartier.

Plan de Kensington p. 156

Serpentine Lake, Hyde Park (p. 158) WEI HUANG/SHUTTERSTOCK ©

Les incontournables

Victoria & Albert Museum

Consacré aux arts décoratifs et à la mode, ce musée connu universellement sous le nom de V&A renferme 4,5 millions d'objets, britanniques et étrangers, certains datant de 3 000 ans. Cette collection unique est présentée dans un cadre aussi impressionnant que la diversité, la beauté et la singularité des pièces exposées.

PLAN P. 156, E5

020-7942 2000

www.vam.ac.uk

Cromwell Rd, SW7

Entrée libre

10h-17h45 sam-jeu, jusqu'à 22h ven

South Kensington

Collection

À travers 146 galeries, le musée abrite la plus grande collection d'arts décoratifs du monde : céramiques chinoises anciennes, dessins d'architecture modernistes, bronzes coréens et sabres japonais, cartons de Raphaël, tenues élisabéthaines, bijoux anciens, walkman Sony – et bien plus encore. Le musée ferme à 22h le vendredi, mais le nombre de salles est réduit.

Entrée

En entrant sous l'éblouissant **lustre** en verre soufflé bleu et jaune de Dale Chihuly, prenez un plan (don attendu 1 £) à l'accueil. Si cette "Grand Entrance" dans Cromwell Rd est trop bondée, une autre se trouve dans Exhibition Rd. Si vous arrivez en métro, entrez par le tunnel en sous-sol. Une nouvelle entrée dans Exhibition Rd a ouvert en 2017.

Niveau 1

Le rez-de-chaussée est principalement consacré à l'art et au design indien, chinois, japonais, coréen et du Sud-Est asiatique, ainsi qu'à l'art européen. Parmi les éléments phares du musée figurent les **Cast Courts** (salles 46a et 46b), d'impressionnants moulages de plâtre rassemblés à l'époque victorienne, tel le David de Michel-Ange, acheté en 1858.

La **TT Tsui Gallery (Chine)** (salles 44 et 47e) présente de jolies pièces, comme une statue en bois de Guanyin (une bodhisattva mahayana) assise dans la posture de *lalitasana*, de 1200. Admirez aussi une page provenant des "Vingt scènes du palais d'été du Yuanmingyuan" (1781-1786), qui dévoile le Haiyantang et les 12 têtes d'animaux de la fontaine (aujourd'hui en ruine) à Beijing. Sous l'éclairage tamisé de la **Japan Gallery** (salle 45), on découvre une terrifiante **armure** domaru. Plus de 400 objets peuplent l'**Islamic Middle East Gallery** (salle 42), tels que céramiques, textiles, tapis, verrerie et boiserie datant du VIIIe siècle aux années précédant

★ À savoir

- Prévoyez votre visite le vendredi soir, il y a moins de monde.
- Choisissez ce que vous voulez voir et comment vous y rendre avant votre visite.
- Procurez-vous un plan (1 £) à l'accueil.

Une petite pause ?

Idéal pour une pause, le **V&A Cafe** (☎ 020-7581 2159 ; plats 7,45-13,50 £ ; ⏰ 10h-17h15 sam-jeu, jusqu'à 21h30 ven ; wifi) est un bijou ; allez-y pour l'*afternoon tea*.

Pour une délicieuse cuisine libanaise, rejoignez le Comptoir Libanais (p. 162), à deux pas du métro South Kensington.

la Première Guerre mondiale. Le superbe **tapis d'Ardabil** du milieu du XVIe siècle est le clou de l'exposition.

John Madejski Garden et Refreshment Rooms

Le jardin paysager John Madejski Garden est une jolie cour intérieure ombragée où prendre l'air. Traversez-le pour rejoindre les Refreshment Rooms (buvettes) d'origine (salles Morris, Gamble et Poynter), datant des années 1860 et rénovées par McInnes Usher McKnight Architects (MUMA), qui ont aussi rénové les **Medieval and Renaissance Galleries** (1350-1600), à droite de l'entrée principale.

Niveaux 2 et 4

Les **British Galleries** présentent tous les aspects du design britannique de 1500 à 1900, aux niveaux 2 (1500-1760) et 4 (1760-1900). Le niveau 4 abrite aussi l'**Architecture Gallery** (salles 127 à 128a), qui offre une description précise des styles architecturaux au moyen de maquettes et de vidéos, et la spectaculaire et lumineuse **Contemporary Glass Gallery** (salle 129).

Niveau 3

La **Jewellery Gallery** (salles 91 à 93) est remarquable. La mezzanine – accessible par l'escalier en colimaçon de verre et plexiglas – brille d'épées serties de joyaux, de montres et de boîtes en or. La **Photographs Gallery** (salle 100), l'une des meilleures du pays, comprend plus de 500 000 clichés collectés depuis le milieu du XIXe siècle. **Design Since 1945** (salle 76) célèbre les classiques du design : radio Sony au format carte bancaire (1985), basket Nike "Air Max" (1992), chaise de jardin œuf de Peter Ghyczy (1968) et perche à selfies.

Niveau 6

La **Ceramics Gallery** (salles 136 à 146) – la plus grande du monde – renferme des pièces remarquables du Moyen-Orient et d'Asie. La **Dr Susan Weber Gallery** (salles 133 à 135) célèbre le mobilier des six derniers siècles.

Expositions temporaires

Captivantes et amusantes, les expositions temporaires (payantes) couvrent des thèmes divers : rétrospectives consacrées à David Bowie, au créateur Alexander McQueen, à des matériaux spéciaux et aux tendances. Le musée propose aussi conférences, ateliers, événements et l'une des meilleures boutiques de musée du coin.

Visites guidées

Des visites guidées gratuites partent de l'accueil principal tous les jours à 10h30, 12h30, 13h30 et 15h30. Consultez le site Internet pour vous renseigner sur les autres visites.

Exhibition Road Building Project

L'Exhibition Road Building Project a ouvert une magnifique nouvelle entrée – via la porte conçue

Le V&A à travers les âges

Né de la passion du prince Albert pour les arts, le V&A est né en 1852 dans le sillage du succès de l'Exposition universelle de 1851. Il entendait rendre l'art accessible à tous et "renforcer le goût du public en matière de design". La collection était constituée de pièces réunies dans les années 1830 et 1840 par l'École nationale de design, et d'objets achetés grâce à une dotation de 5 000 £ issue des bénéfices de l'Exposition.

Première extension

En 1857, le Museum of Manufactures, comme il s'appelait alors, déménagea pour son site actuel de South Kensington. Il installa sa collection dans plusieurs bâtiments à l'origine semi-provisoires, auxquels vinrent s'adjoindre, au fil des années, de nouvelles structures. En 1890, le conseil d'administration du musée lança un concours pour la création d'une façade sur Cromwell Rd et l'harmonisation de cet ensemble hétéroclite. Le jeune architecte Aston Webb – qui dessinera plus tard la façade de Buckingham Palace – remporta la mise. La première pierre de l'édifice fut posée en mai 1899 par la reine Victoria, et le musée prit à cette occasion son nom de Victoria & Albert Museum.

Suppression du tarif d'entrée

Lorsque les suffragettes menacèrent d'endommager les pièces des musées publics en 1913, le V&A envisagea de refuser l'accès aux femmes. Finalement, il fut choisi de supprimer les frais d'entrée pour augmenter le nombre de visiteurs et ainsi protéger la collection.

Les guerres mondiales

Le musée est resté ouvert pendant les deux conflits mondiaux. Lorsque la Première Guerre mondiale éclata, plusieurs œuvres de Rodin avaient été prêtées au musée. Le déclenchement des hostilités empêcha leur retour en France. Rodin, touché par la solidarité des soldats anglais avec les troupes françaises, en fit don à l'institution. Le V&A fut frappé à plusieurs reprises par les bombardements allemands pendant la Seconde Guerre mondiale. La collection fut épargnée, pour l'essentiel, car elle avait en grande partie été évacuée, ou bien, comme les cartons de Raphaël, murée derrière des parois de brique.

au XIXe siècle par sir Aston Webb – menant à la nouvelle Sackler Courtyard, ainsi qu'à la Sainsbury Gallery, une vaste salle souterraine consacrée aux expositions temporaires.

Les incontournables

Natural History Museum

Les Londoniens éprouvent un attachement particulier pour ce Muséum d'histoire naturelle, incarnant la passion victorienne pour la collecte, la classification et l'interprétation du monde du vivant. Superbement coloré de brique bleu et sable, le bâtiment principal du musée vaut presque autant que la collection mondialement célèbre qu'il renferme. Celle-ci connaît un énorme succès auprès des enfants curieux et des adultes.

PLAN P. 156, D5

www.nhm.ac.uk

Cromwell Rd, SW7

entrée libre

10h-17h50 tlj

South Kensington

Architecture

Prenez le temps d'observer le bâtiment conçu par Alfred Waterhouse : les piliers ouvragés, bas-reliefs animaliers, sculptures de plantes et bêtes, vitraux et arches sublimes sont un chef-d'œuvre.

Hintze Hall

Ce grand hall central évoque la nef d'une cathédrale – plutôt surprenant, puisqu'il fut construit à une époque où les sciences naturelles défiaient les principes bibliques de l'orthodoxie chrétienne. Naturaliste et premier directeur du musée, Richard Owen considérait l'édifice comme une "cathédrale de la nature".

En 2017, le célèbre moulage d'un **squelette de diplodocus** (surnommé Dippy) a laissé place à un squelette de baleine bleue qui avait passé 81 ans dans la Mammals Hall. Le transfert fut une entreprise technique colossale et méticuleuse, il fallut démonter et préparer les 4,5 tonnes d'os qui seraient réassemblés dans la spectaculaire position de plongée qui accueille les visiteurs.

Green Zone (zone verte)

Si les enfants adorent la Blue Zone (zone bleue), les adultes préfèrent celle-ci, notamment la **Treasures in Cadogan Gallery**, au 1er étage, qui abrite les objets les plus précieux du musée, chacun avec sa propre histoire. On peut y voir un morceau de roche lunaire, un œuf de manchot empereur ramassé pendant l'expédition du capitaine Scott ou encore une première édition de *L'Origine des espèces* de Charles Darwin.

Les gemmes et roches conservées dans le **Vault**, comme une météorite martienne et la plus grosse émeraude du monde, sont tout aussi rares et exceptionnelles.

Prenez le temps d'admirer l'impressionnante coupe d'un tronc de **séquoia géant** vieux de 1 300 ans, au 2e étage.

De retour au rez-de-chaussée, la fantastique **Creepy Crawlies Gallery** dévoile tous les

★ À savoir

- Partez à sa découverte le soir pour profiter d'un musée presque vide.
- Plus de cinq millions de visiteurs viennent chaque année – évitez les vacances scolaires et les week-ends ou allez-y tôt.
- Les détenteurs d'un ticket pour une exposition sont prioritaires à l'entrée.
- Téléchargez l'application du musée pour connaître les expositions phares.

Une petite pause ?

Pour une pinte, choisissez le **Queen's Arms** (www.thequeensarms-kensington.co.uk ; 30 Queen's Gate Mews, SW7 ; 12h-23h lun-sam, jusqu'à 22h30 dim), non loin.

Le restaurant polonais **Daquise** (www.daquise.co.uk ; 20 Thurloe St, SW7 ; plats 15-20 £ ; 12h-23h) propose une bonne formule déjeuner express.

aspects de la vie des insectes et révèle si l'on doit s'en méfier ou non.

Blue Zone (zone bleue)

Assurément, l'attraction phare du musée, la **Dinosaurs Gallery**, conduit sur une impressionnante passerelle en hauteur, d'où l'on voit un dromeosaure (petit carnivore agile) avant d'atteindre un rugissant tyrannosaure animatronique. On serpente ensuite parmi les squelettes, fossiles, moulages et fascinantes présentations sur la vie et la disparition des dinosaures.

Autre point fort de cette zone, la **Mammals & Blue Whale Gallery** abrite une réplique de baleine bleue grandeur nature et de grandes présentations de cétacés.

Enfin, puisque nous faisons partie du règne animal, une salle est consacrée à la **biologie humaine**. On peut ainsi mieux comprendre l'être humain (sens, hormones, cerveau...)

Red Zone (zone rouge)

Cette zone est consacrée à la nature changeante de notre planète et aux forces qui la façonnent. Le simulateur de séisme (dans la **Volcanoes and Earthquakes Gallery**), qui recrée dans une épicerie le séisme de Kobe de 1995 (dont on peut voir des extraits filmés), est apprécié, tout comme la **From the Beginning Gallery**, qui retrace l'histoire de la Terre.

Dans l'**Earth's Treasury**, vous en apprendrez plus sur les richesses minérales de notre planète et leur utilisation au quotidien (bijoux, construction, électronique).

L'accès à la plupart des galeries de la Red Zone se fait par l'**Earth Hall** et un très grand escalier mécanique conduisant dans une immense sculpture métallique de la Terre. À sa base se trouve le **squelette fossile de stégosaure** le mieux préservé du monde.

Orange Zone (zone orange)

Le **Darwin Centre** est le cœur du musée : c'est ici que sont conservés les millions de spécimens et que travaillent ses scientifiques. Les deux derniers étages du stupéfiant "cocon" sont consacrés à la présentation didactique de la recherche telle qu'elle est pratiquée ici – observez les scientifiques au travail à travers les vitres.

Pour en savoir plus, entrez dans l'**Attenborough studio** (du nom du célèbre naturaliste et présentateur David Attenborough) pour assister à l'une des conférences quotidiennes des scientifiques du musée. Des films y sont projetés toute la journée.

Wildlife Garden

Ce morceau de campagne anglaise dans SW7, qui devrait être agrandi, réunit plusieurs habitats des plaines britanniques, dont un pré avec un portail de ferme, un arbre abritant une colonie d'abeilles mellifères, et une mare. Le mouton Greyface Dartmoor arrive à la fin de l'été. Les ornithologues amateurs repéreront poules d'eau, roitelets et chardonnerets.

Expositions

Le musée accueille régulièrement des expositions (payantes), dont certaines sont récurrentes. La **Wildlife Photographer of the Year** (sept-oct ; adulte/enfant 13,50/8 £, famille 28-38 £), qui présente de formidables photos, a désormais 50 ans. La longue tente de **Sensational Butterflies** (avr-sept ; 5,85 £/pers, famille 19,80 £) sur l'East Lawn, qui abrite une multitude de papillons, est devenue un incontournable en été.

Boutique

Outre les figurines de dinosaures et les animaux en peluche, la boutique propose une vaste et brillante collection de livres pour enfants sur la nature, les animaux et, bien sûr, les dinosaures. Les adultes trouveront de beaux bijoux et articles de papeterie.

Patinoire au musée

De Halloween à janvier, une partie de l'East Lawn du musée se transforme en patinoire très prisée, dotée d'un stand de boissons chaudes. Mieux vaut réserver un créneau bien à l'avance (www.ticketmaster.co.uk), visiter le musée et revenir ensuite pour s'élancer sur la glace.

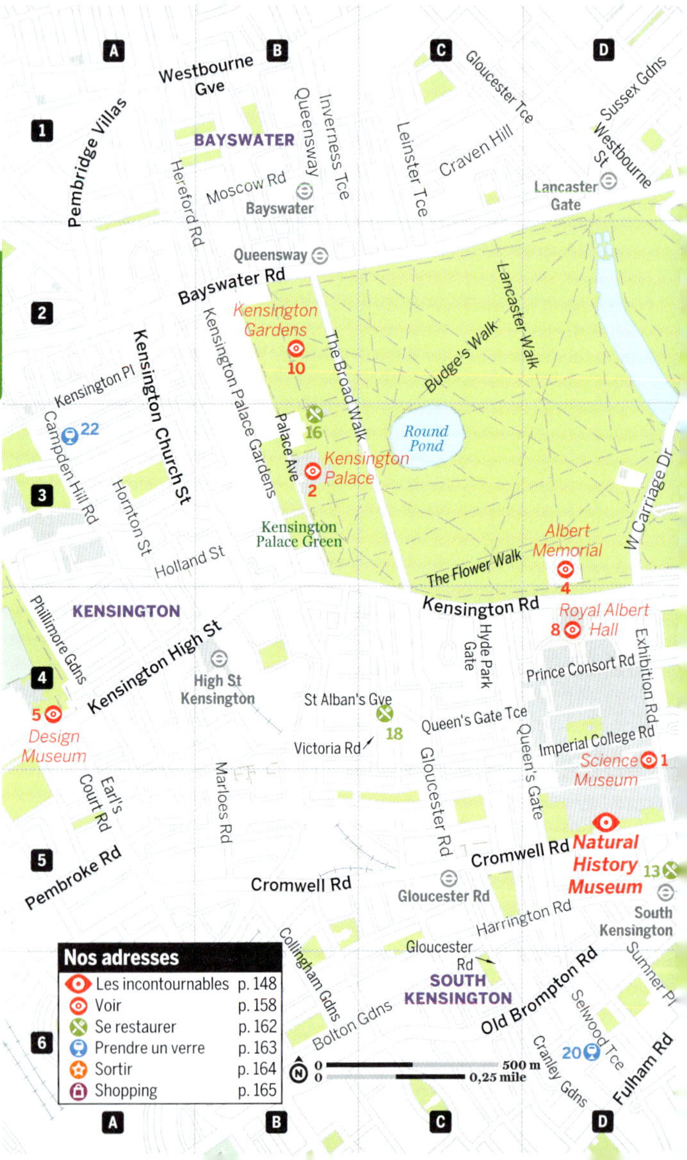
A
B
C
D
1
2
3
4
5
6
Westbourne Gve
Pembridge Villas
BAYSWATER
Queensway
Inverness Tce
Leinster Tce
Gloucester Tce
Craven Hill
Sussex Gdns
Westbourne St
Lancaster Gate
Hereford Rd
Moscow Rd
Bayswater
Queensway
Bayswater Rd
Kensington Gardens
10
The Broad Walk
Budge's Walk
Lancaster Walk
Kensington Pl
Kensington Church St
Kensington Palace Gardens
22
Campden Hill Rd
16
Round Pond
Palace Ave
Kensington Palace
2
Hornton St
Kensington Palace Green
Holland St
Albert Memorial
4
The Flower Walk
W Carriage Dr
KENSINGTON
Phillimore Gdns
Kensington High St
High St Kensington
Kensington Rd
Hyde Park Gate
Royal Albert Hall
8
Prince Consort Rd
Exhibition Rd
5
Design Museum
St Alban's Gve
18
Queen's Gate Tce
Victoria Rd
Imperial College Rd
Science Museum
1
Earl's Court Rd
Marloes Rd
Gloucester Rd
Queen's Gate
Natural History Museum
13
Cromwell Rd
Pembroke Rd
Cromwell Rd
Gloucester Rd
South Kensington
Harrington Rd
Gloucester Rd
SOUTH KENSINGTON
Collingham Gdns
Bolton Gdns
Old Brompton Rd
Sumner Pl
Selwood Tce
Cranley Gdns
20
Fulham Rd
0 500 m
0 0,25 mile
N
Nos adresses
Les incontournables p. 148
Voir p. 158
Se restaurer p. 162
Prendre un verre p. 163
Sortir p. 164
Shopping p. 165

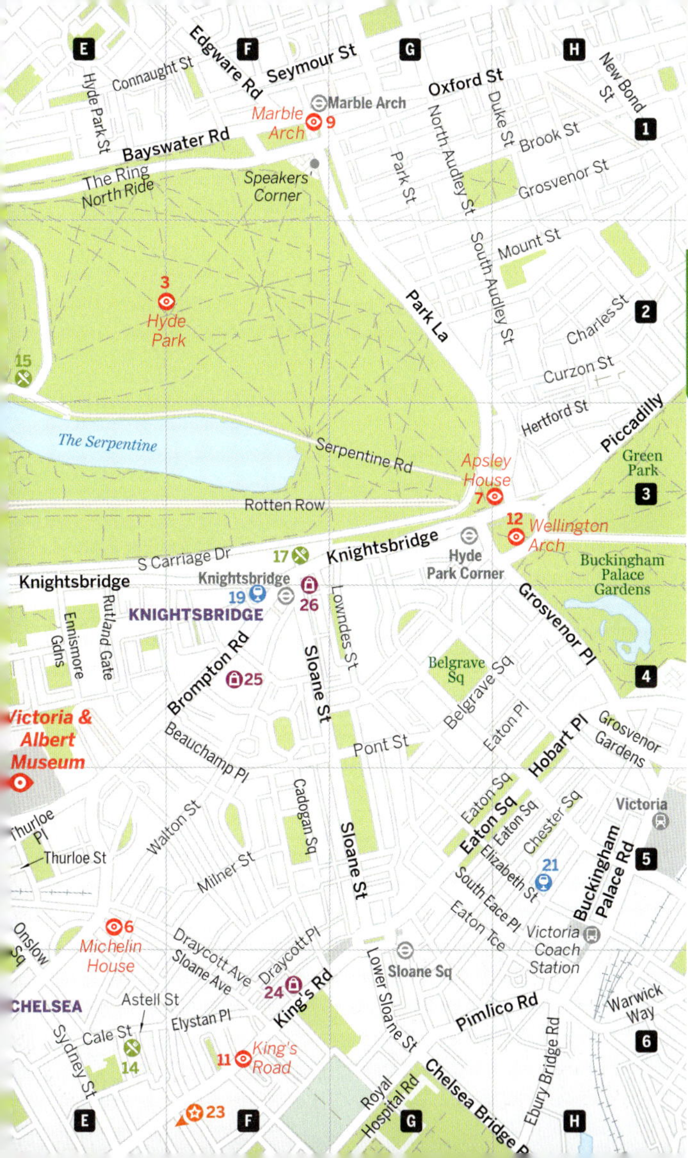
E
F
G
H
1
2
3
4
5
6
Hyde Park St
Connaught St
Edgware Rd
Seymour St
Marble Arch
Marble Arch
9
Oxford St
Duke St
New Bond St
North Audley St
Park St
Brook St
Grosvenor St
Bayswater Rd
The Ring
North Ride
Speakers Corner
Mount St
South Audley St
Park La
3
Hyde Park
15
Charles St
Curzon St
Hertford St
Piccadilly
Green Park
The Serpentine
Serpentine Rd
Apsley House
7
Rotten Row
12
Wellington Arch
Knightsbridge
Hyde Park Corner
Buckingham Palace Gardens
S Carriage Dr
17
Knightsbridge
Knightsbridge
19
26
Lowndes St
Grosvenor Pl
KNIGHTSBRIDGE
Ennismore Gdns
Rutland Gate
Brompton Rd
25
Sloane St
Belgrave Sq
Belgrave Sq
Victoria & Albert Museum
Beauchamp Pl
Pont St
Eaton Pl
Hobart Pl
Grosvenor Gardens
Thurloe Pl
Walton St
Cadogan Sq
Eaton Sq
Eaton Sq
Eaton Sq
Chester Sq
Victoria
Thurloe St
Milner St
Sloane St
Elizabeth St
21
Buckingham Palace Rd
South Eaton Pl
Eaton Tce
6
Michelin House
Onslow Sq
Draycott Ave
Sloane Ave
Draycott Pl
Victoria Coach Station
Sloane Sq
Lower Sloane St
24
King's Rd
Pimlico Rd
Warwick Way
CHELSEA
Astell St
Elystan Pl
Cale St
14
Sydney St
11
King's Road
Ebury Bridge Rd
Royal Hospital Rd
Chelsea Bridge Rd
23

Voir

Science Museum
MUSÉE

1 PLAN P. 156, D4

Avec ses sept niveaux d'installations interactives, allant de la naissance de la technologie jusqu'à la conquête de l'espace, cet extraordinaire musée des Sciences fascinera petits et grands. Parmi les incontournables figurent l'**Exploring Space**, une galerie abritant d'authentiques fusées et satellites, et la reproduction grandeur nature de l'*Eagle*, le module qui déposa Armstrong et Aldrin sur la Lune en 1969. Juste à côté, la **Making the Modern World Gallery** offre un festival de locomotives, d'avions et de voitures, notamment. (020-7942 4000 ; www.sciencemuseum.org.uk ; Exhibition Rd, SW7 ; entrée libre ; 10h-18h ; South Kensington)

Kensington Palace
PALAIS

2 PLAN P. 156, B3

Construit en 1605, le palais devint la résidence royale principale sous Guillaume d'Orange et Marie Stuart en 1689, et le resta jusqu'à l'avènement de George III qui le quitta. Des membres de la famille royale – le duc et la duchesse de Cambridge (William et Kate), ou encore le prince Harry – y demeurent encore aujourd'hui, mais une grande partie du palais est ouverte au public, dont les appartements d'État du roi et de la reine. (www.hrp.org.uk/kensington-palace ; Kensington Gardens, W8 ; adulte/enfant 19,50 £/9,70 ; 10h-16h ; High St Kensington)

Hyde Park
PARC

3 PLAN P. 156, F2

Couvrant 145 ha, Hyde Park constitue le plus grand espace public de la capitale. Henry VIII le confisqua à l'Église en 1536 pour en faire une chasse royale. Théâtre de duels, d'exécutions et de courses hippiques, il accueillit l'Exposition universelle en 1851, avant d'être reconverti en immense champ de pommes de terre pendant la Seconde Guerre mondiale. Aujourd'hui, on peut faire du pédalo sur le **Serpentine**, et il accueille des concerts (Bruce Springsteen, Florence + The Machine, Patti Smith), soirées cinéma et autres événements estivaux. (www.royalparks.org.uk/parks/hyde-park ; 5h-minuit ; Marble Arch, Hyde Park Corner, Queensway)

Albert Memorial
MONUMENT

4 PLAN P. 156, D3

Comme son sujet, cette splendide construction victorienne à la lisière sud des Kensington Gardens ne passe pas inaperçue. L'époux allemand prétendument humble de la reine Victoria, Albert (1819-1861), avait précisé ne pas vouloir de monument. Ignorant sa volonté, le lord-maire commanda à George Gilbert Scott la construction d'un mémorial gothique tape-à-l'œil haut de 53 m. La statue dorée du prince de 4,25 m de hauteur, entourée de 187 figures représentant les

Garde montée

La garde à cheval de la reine s'élance chaque jour à 10h28 (9h28 le dimanche) des Hyde Park Barracks pour se rendre à la Horse Guards Parade pour la relève de la garde, un rituel qui remonte à 1660. Le cortège passe par Hyde Park Corner, Constitution Hill et le Mall. La cérémonie est moins fréquentée que la relève de la garde de Buckingham Palace et l'on peut être plus proche de l'action.

continents (Asie, Europe, Afrique et Amérique), les arts, l'industrie et les sciences, fut construite en 1876. (visites 020-8969 0104 ; Kensington Gardens ; visites tarif plein/réduit 9/8 £ ; visite 14h et 15h le 1er dim du mois mars-déc ; Knightsbridge, Gloucester Rd)

Design Museum MUSÉE

5 PLAN P. 156, A4

Transféré en 2016 de son ancien emplacement sur la Tamise vers un superbe nouvel édifice d'une valeur de 83 millions de livres près de Holland Park, cet élégant musée entend populariser l'importance et l'influence du design dans la vie quotidienne. Avec ses diverses expositions temporaires, c'est un lieu incontournable pour tout amateur d'esthétique moderne et contemporaine. L'intérieur, tout de chêne et de marbre, dans l'ancien Commonwealth Institute (ouvert en 1962) réaménagé, est magnifique. (020-7940 8790 ; www.designmuseum.org ; 224-238 Kensington High St, W8 ; entrée libre ; 10h-18h, jusqu'à 20h le 1er ven du mois ; High St Kensington)

Michelin House ÉDIFICE HISTORIQUE

6 PLAN P. 156, E5

Construit par François Espinasse pour l'entreprise Michelin entre 1905 et 1911, puis restauré en 1985, cet édifice brouille les frontières entre Art nouveau et Art déco. L'emblématique bonhomme Michelin (Bibendum) apparaît sur de magnifiques vitraux modernes (les originaux, enlevés au début de la Seconde Guerre mondiale et conservés dans l'usine Michelin de Stoke-on-Trent, ont disparu), tandis que le hall est orné de carreaux représentant des voitures du début du XXe siècle. (81 Fulham Rd, SW3 ; South Kensington)

Apsley House DEMEURE HISTORIQUE

7 PLAN P. 156, H3

Jadis surnommée "No 1 London" – c'était la première bâtisse qu'on apercevait en arrivant à Londres par l'ouest –, cette stupéfiante demeure met notamment à l'honneur le duc de Wellington, vainqueur de Napoléon à Waterloo. Ses souvenirs, dont un masque mortuaire, sont exposés dans la **galerie** du sous-sol ; la Waterloo

Speakers' Corner

Fréquenté par Karl Marx, Vladimir Lenin, George Orwell et William Morris, le **Speakers' Corner** (Plan p. 156, F1 ; Park Lane ; Marble Arch), dans l'angle nord-est de Hyde Park, sert traditionnellement de tribune publique et de lieu d'acrobaties oratoires. Si vous avez quelque chose sur le cœur, venez le dimanche, mais préparez-vous à être entouré de marginaux, de fanatiques religieux et d'agitateurs.

Gallery, au 1er étage, abrite un incroyable service de porcelaine et d'argenterie, ainsi que des toiles de Vélasquez, Rubens, Van Dyck, Brueghel, Murillo et Goya. (020-7499 5676 ; www.english-heritage.org.uk/visit/places/apsley-house/ ; 149 Piccadilly, Hyde Park Corner, W1 ; adulte/enfant 10/6 £, avec la Wellington Arch 12,70/7,60 £ ; 11h-17h mer-dim avr-oct, 10h-16h sam-dim nov-mars ; Hyde Park Corner)

Royal Albert Hall ÉDIFICE HISTORIQUE

8 PLAN P. 156, D4

Construit en 1871, en partie grâce aux recettes de l'Exposition universelle de 1851 organisée par le prince Albert (époux de la reine Victoria), cet immense amphithéâtre de brique rouge, orné d'un dôme et d'une frise de carreaux Minton, est la salle de concert la plus célèbre de Grande-Bretagne. Chaque été, elle accueille les Promenade Concerts (ou Proms) de la BBC. Pour découvrir son histoire captivante et ses liens avec la royauté, réservez le **grand tour** (020-7589 8212 ; adulte/enfant 14/7 £ ; ttes les heures 9h30-16h30) d'une heure, très intéressant. (0845 401 5034, billetterie 020-7589 8212 ; www.royalalberthall.com ; Kensington Gore, SW7 ; visites 10,75-16,75 £ ; South Kensington)

Marble Arch MONUMENT

9 PLAN P. 156, F1

Conçu par John Nash en 1828, cet imposant arc de triomphe blanc fut retiré en 1851 de son emplacement d'origine, devant Buckingham Palace, car jugé trop modeste pour annoncer la résidence royale. Si l'endroit réveille l'anarchiste qui sommeille en vous, franchissez le portail central : selon une loi (non appliquée), ce privilège est réservé à la famille royale et à la King's Troop Royal Horse Artillery. (Marble Arch)

Kensington Gardens JARDINS

10 PLAN P. 156, B2

Magnifique ensemble de pelouses soignées, d'avenues ombragées et de bassins, juste à l'ouest de Hyde Park, les pittoresques Kensington Gardens de 107 ha appartiennent techniquement au Kensington Palace, situé à l'extrémité ouest des jardins. La balade autour du grand

Round Pond est agréable. Les jolies fontaines dans les **Italian Gardens** (Kensington Gardens ; Lancaster Gate) méritent aussi un coup d'œil. Ces derniers seraient un présent du prince Albert à la reine Victoria ; ils accueillent désormais un nouveau café. (0300 061 2000 ; www.royalparks.org.uk/parks/kensington-gardens ; 6h-coucher du soleil ; Queensway, Lancaster Gate)

King's Road

RUE

11 PLAN P. 156, F6

À l'avant-garde de la contre-culture de la mode londonienne pendant les années 1960 et les anarchiques années 1970 (James Bond, l'espion d'Ian Fleming, avait un appartement sur une place près de cette rue), King's Rd est désormais un lieu de shopping pour les plus nantis. Les derniers punks à crête verte – autrefois véritable attraction touristique – sont partis dans les années 1990. Aujourd'hui, la rue est bordée par Bang & Olufsen, Kurt Geiger et quelques boutiques spécialisées ; même les chiens y sont chics. (Sloane Sq)

Wellington Arch

MUSÉE

12 PLAN P. 156, H3

Dominant l'espace vert cerné par le rond-point de Hyde Park Corner, cette imposante arche néoclassique de 1826 faisait initialement face au Hyde Park Screen, avant d'être déplacée en 1882 pour permettre l'élargissement de la route. Autrefois poste de police, la galerie propose aujourd'hui des expositions temporaires et une collection permanente sur l'histoire

Royal Albert Hall

de l'arche. Les balcons à ciel ouvert (accessibles via l'ascenseur) offrent une vue inoubliable sur Hyde Park, Buckingham Palace et le Mall. (www.english-heritage.org.uk/visit/places/wellington-arch/ ; Hyde Park Corner, W1 ; adulte/enfant 5,4/3,2 £, avec l'Apsley House 12,70/7,60 £ ; 10h-16h ; Hyde Park Corner)

Se restaurer

Comptoir Libanais LIBANAIS £

13 PLAN P. 156, D5

Si vous êtes fatigué d'arpenter les musées de South Kensington, ce joli restaurant coloré et animé, près du métro, est une bonne adresse pour des mezzes, wraps, tagine, *mana'esh* (pain plat), salades et bons petits-déjeuners. Par beau temps, les tables à l'extérieur sont vite prises. Pas de réservation, il suffit de s'y rendre (et de jouer des coudes). (020-7225 5006 ; www.comptoirlibanais.com ; 1-5 Exhibition Rd, SW7 ; plats à partir de 8,50 £ ; 8h30-minuit lun-sam, jusqu'à 22h30 dim ; ; South Kensington)

Tom's Kitchen EUROPÉEN MODERNE ££

14 PLAN P. 156, E6

La recette magique de Tom's Kitchen ? Prenez une cuisine divine, ajoutez-y un personnel décontracté et souriant, puis servez dans un cadre lumineux et aéré. Les classiques (steaks grillés, burgers, poitrine de porc cuite lentement et escalope de poulet pané) sont cuits à la perfection et les plats de saison, comme la ricotta maison ou les Saint-Jacques sautées, sont excellents. (020-7349 0202 ; www.tomskitchen.co.uk/chelsea ; 27 Cale St, SW3 ; plat 16-28 £ ; 8h-14h30 et 18h-22h30 lun-ven, 9h30-15h30 et 18h-22h30 sam, jusqu'à 21h30 dim ; ; South Kensington)

The Magazine INTERNATIONAL ££

15 PLAN P. 156, E2

Située dans la belle extension de la **Serpentine Sackler Gallery** (020-7402 6075 ; www.serpentinegalleries.org ; entrée libre ; 10h-18h mar-dim), The Magazine n'est pas une cafétéria de musée classique. La cuisine est aussi contemporaine et raffinée que le bâtiment, et les œuvres d'art exposées proviennent des expositions en cours. L'*afternoon tea* (25 £, cocktail inclus) est particulièrement original : pas de sandwich au concombre mais truite fumée au gin, caillé de chèvre et granité coco. (020-7298 7552 ; West Carriage Dr, W2 ; plats 13-24 £, menu déj 2/3 plats 17,50/21,50 £ ; 9h-18h mar-sam ; ; Lancaster Gate, Knightsbridge)

Orangery CAFÉ ££

16 PLAN P. 156, B3

Installée dans un jardin d'hiver (XVIIIe siècle) du Kensington Palace (p. 158), l'Orangery convient pour un petit-déjeuner tardif ou un déjeuner, mais l'*afternoon tea* reste le meilleur moment. Réservez pour avoir une table sur la belle terrasse. (020-3166 6113 ; www.orangerykensingtonpalace.co.uk ;

Kensington Palace, Kensington Gardens, W8 ; plats 12,50-16,50 £, afternoon tea 27,50 £ ; 10h-17h ; ; Queensway, High St Kensington)

Dinner by Heston Blumenthal BRITANNIQUE MODERNE £££

17 PLAN P. 156, F3

Véritable tour de force gastronomique, ce splendide établissement invite à une plongée dans l'histoire de la cuisine britannique, revisitée avec créativité. Les plats arborent une date qui les remet dans le contexte historique, tandis que la salle est un chef-d'œuvre design, de la cuisine aux parois vitrées jusqu'au mécanisme d'horloge suspendu au plafond, en passant par les grandes fenêtres donnant sur le parc. Réservez. (020-7201 3833 ; www.dinnerbyheston.com ; Mandarin Oriental Hyde Park, 66 Knightsbridge, SW1 ; menu déj 3 plats 45 £, plats 30-49 £ ; 12h-14h et 18h-22h15 lun-ven, 12h-14h30 et 18h-22h30 sam-dim ; ; Knightsbridge)

Launceston Place BRITANNIQUE MODERNE £££

18 PLAN P. 156, C4

Particulièrement beau et chic, ce restaurant étoilé Michelin passe presque inaperçu dans une pittoresque rue de Kensington bordée de maisons édouardiennes. Les plats du chef londonien Ben Murphy sont un summum du plaisir gastronomique et s'accompagnent d'une carte des vins primée. Menu dégustation de six plats (75 £ ; version végétarienne possible) ou version "réduite" de 5 plats (49 £). (020-7937 6912 ; www.launcestonplace-restaurant.co.uk ; 1a Launceston Pl, W8 ; formule déj 2/3 plats 23/28 £, dîner 2/3 plats 55/60 £ ; 12h-14h30 mer-sam, jusqu'à 15h30 dim, 18h-22h mar-sam, 18h30-21h dim ; ; Gloucester Rd, High St Kensington)

Prendre un verre

Buddha Bar BAR

19 PLAN P. 156, F4

Après une séance de shopping à Knightsbridge, cet espace serein et attrayant vous accueille dans un univers composé de lanternes en cages à oiseau, d'éclairages tamisés, de recoins et de box isolés, idéal pour se détendre en sirotant un Singapore Sling. Le restaurant au rez-de-chaussée propose des spécialités asiatiques. (020-3667 5222 ; www.buddhabarlondon.com ; 145 Knightsbridge, SW1 ; cocktails à partir de 15 £ ; 17h-minuit lun-ven, 12h-minuit sam, 17h-23h30 dim ; ; Knightsbridge)

Anglesea Arms PUB

20 PLAN P. 156, D6

Depuis des décennies, des clients (notamment Charles Dickens, qui vivait dans la même rue, et D.H. Lawrence) viennent boire une *ale* dans ce pub à l'ancienne chargé de caractère et au vaste choix de bières. En été, la terrasse à l'avant fourmille de clients. Le criminel Bruce Reynolds a organisé l'attaque du train postal ici. (020-7373 7960 ; www.angleseaarms.com ; 15 Selwood Tce, SW7 ; 11h-23h lun-sam, 12h-22h30 dim ; South Kensington)

Tomtom Coffee House CAFÉ

21 PLAN P. 156, H5

Le Tomtom doit sa réputation à son formidable café. Outre la fabuleuse présentation des boissons (ici, ni fougère ni cœur dessiné dans la mousse, mais des paons s'éventant avec leurs plumes), le choix des boissons – des classiques à base d'expresso jusqu'au café filtre – et des grains est vertigineux. Accompagnez éventuellement votre café d'un petit verre de cognac ou de whisky (3 £). (020-7730 1771 ; www.tomtom.co.uk ; 114 Ebury St, SW1 ; 8h-18h lun-ven, 9h-18h sam-dim ; ; Victoria)

Windsor Castle PUB

22 PLAN P. 156, A3

Ce pub classique en haut de Campden Hill Rd combine charme, histoire et recoins. L'endroit vaut le détour pour sa structure compartimentée à l'ancienne, son feu de cheminée (en hiver), son charmant *beer garden* (en été) et ses aimables habitués (toute l'année). Selon la légende, les ossements de Thomas Paine (auteur de l'ouvrage *Les Droits de l'homme*) seraient à la cave. (www.thewindsorcastlekensington.co.uk ; 114 Campden Hill Rd, W11 ; 12h-23h lun-sam, 12h-22h30 dim ; ; Notting Hill Gate)

Sortir

Royal Albert Hall SALLE DE CONCERT

Cette splendide salle de concert (voir 8 Plan p. 156, D4), où l'on vient écouter, entre autres, de la musique classique ou du rock, est surtout connue pour le festival BBC Proms. Il est possible de réserver, mais de mi-juillet à mi-septembre, les spectateurs font aussi la queue pour les places debout à 5 £, mises en vente une heure avant le lever de rideau. Sinon, l'achat et le retrait des billets se font porte 12 (côté sud du hall). (0845 401 5034 ; www.royalalberthall.com ; Kensington Gore, SW7 ; South Kensington)

606 Club BLUES, JAZZ

23 PLAN P. 156, F6

Baptisé d'après son ancienne adresse située au numéro 606 sur King's Rd, ce fabuleux club (qui est aussi un restaurant) ouvert depuis 1976 ensorcela les fans de jazz de Londres dans les années 1980. Il est aujourd'hui niché dans un sous-sol, où il met chaque soir en vedette des jazzmen britanniques. Le club ne peut servir de l'alcool qu'aux clients non-membres qui dînent au restaurant. Cuisine aux influences européennes et moyen-orientales. Réservation vivement conseillée si vous souhaitez avoir une table. (020-7352 5953 ; www.606club.co.uk ; 90 Lots Rd, SW10 ; 19h-23h dim-jeu, 20h-0h30 ven-sam ; Imperial Wharf)

Shopping

John Sandoe Books LIVRES

24 PLAN P. 156, F6

Parfait antidote aux grandes librairies impersonnelles, cette charmante boutique sur 3 niveaux, dans un édifice du XVIIIe siècle, est une mine de joyaux littéraires et de surprises. Depuis six décennies, ses fidèles clients ne jurent que par elle et les libraires connaisseurs délivrent des conseils avisés avec amabilité. (020-7589 9473 ; www.johnsandoe.com ; 10 Blacklands Tce, SW3 ; 9h30-18h30 lun-sam, 11h-17h dim ; Sloane Sq)

Harrods GRAND MAGASIN

25 PLAN P. 156, F4

À la fois tapageur et raffiné (mais toujours bondé), Harrods est une étape obligatoire pour tout visiteur, qu'il dispose d'un budget serré ou illimité. L'éventail des produits est renversant, tout comme certains prix. Très kitsch, l'"ascenseur égyptien" semble tout droit sorti d'un Indiana Jones, tandis que la fontaine en mémoire de Dodi et Diana (sous-sol) ajoute une touche surréaliste. (020-7730 1234 ; www.harrods.com ; 87-135 Brompton Rd, SW1 ; 10h-21h lun-sam, 11h30-18h dim ; Knightsbridge)

Harvey Nichols GRAND MAGASIN

26 PLAN P. 156, F3

Le temple de la haute couture de Londres réunit des sacs Chloé et Balenciaga, la meilleure gamme de denims de la ville, une vaste salle consacrée au maquillage avec des lignes exclusives et de superbes bijoux. Espace restauration et restaurant **Fifth Floor** au 5e étage. De 11h30 à 12h, les caisses sont fermées. (www.harveynichols.com ; 109-125 Knightsbridge, SW1 ; 10h-20h lun-sam, 11h30-18h dim ; Knightsbridge)

Promenade à pied

Un samedi à Notting Hill

C'est le samedi que Notting Hill est le plus animé : le marché de Portobello se pare de couleurs chatoyantes, et le quartier abonde en excellents restaurants, pubs, boutiques et cinémas. La journée est placée sous le signe du shopping, de la gastronomie et de la cinéphilie dans un cadre historique.

Comment y aller

La station Notting Hill Gate se situe sur les lignes Circle, District et Central.

La gare Ladbroke Grove, sur les lignes Hammersmith & City et Circle, dessert aussi le quartier.

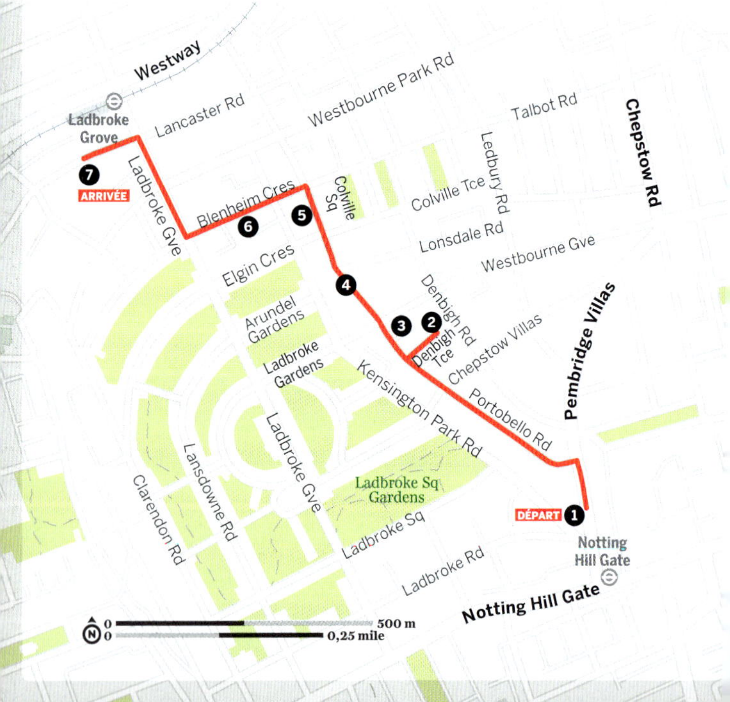

❶ Faire le plein d'en-cas

Située près de la station de métro de Notting Hill Gate et sur le chemin du marché de Portobello, l'**Arancina** (www.arancina.co.uk ; plats 3-23,50 £ ; ⌚8h-23h lun-sam, 9h-23h dim) est immanquable, avec sa Fiat 500 orange en vitrine. Excellente adresse pour les *arancini* ou une part de pizza sortie du four.

❷ Une rue en couleur

Entrez dans **Denbigh Terrace** voir la rangée de maisons de ville aux couleurs éclatantes du côté sud de la rue. Les maisons forment un superbe ensemble de rose, bleu, jaune, gris et autres couleurs pastel.

❸ Earl of Lonsdale

Le cadre douillet de l'**Earl of Lonsdale** (⌚12h-23h lun-ven, 10h-23h sam, 12h-22h30 dim ; ⊖Notting Hill Gate, Ladbroke Grove) attire pendant la journée une clientèle de vieilles dames et de jeunes branchés. Dégustez une *ale* Samuel Smith dans l'arrière-salle épatante, avec ses canapés, banquettes et cheminées, ou dans le *beer garden* à l'ombre d'un arbre immense.

❹ Flâner au marché de Portobello

Suivez Portobello Rd jusqu'au célèbre **Portobello Road Market** (www.portobellomarket.org ; ⌚8h-18h30 lun-mer et ven-sam, 8h-13h jeu). Ce marché propose des stands d'alimentation, d'antiquités, de vêtements bariolés et de babioles.

❺ Un film (et un burger)

Poursuivez dans Portobello Rd. Unique en son genre, l'**Electric Cinema** (www.electriccinema.co.uk ; tickets 8-22,50 £) est l'un des plus anciens cinémas du Royaume-Uni, avec somptueux fauteuils en cuir, repose-pieds, sofas, et des lits doubles au premier rang ! Allez ensuite déguster un excellent burger chez **Honest Burgers** (www.honestburgers.co.uk ; plats à partir de 8,50 £ ; ⌚11h30-23h lun-sam, 11h-30 22h dim, brunch 9h30-13h sam-dim ; 📶).

❻ Blenheim Crescent

Prenez Blenheim Cres pour découvrir ses boutiques. **Spice Shop** (www.thespiceshop.co.uk) vend herbes et épices, **Ceramica Blue** (www.ceramicablue.co.uk ; ⌚10h-18h30 lun-sam, 12h-17h dim) de la vaisselle clinquante et **Notting Hill Bookshop** (www.thenottinghillbookshop.co.uk ; ⌚9h-19h lun-sam, 10h-18h dim) a inspiré la librairie de la romance culte *Coup de foudre à Notting Hill*.

❼ Un musée insolite

Prenez à gauche dans Portobello Rd. Le **Museum of Brands, Packaging & Advertising** (www.museumofbrands.com ; adulte/enfant 9/5 £ ; ⌚10h-18h lun-sam, 11h-17h dim), qui retrace l'histoire de la culture de la consommation, amusera les enfants et rendra les parents (et grands-parents) nostalgiques devant les emballages rétro et les produits emblématiques aujourd'hui vintage.

NEW ROCK
DARK SIDE
NAMASTE
020 7284 1742
DARKSID
Tel: 020 7284 2174
www.darksideofcam

Explorer Regent's Park et Camden

Regent's Park, Camden Market et Hampstead Heath comptent parmi les meilleures excursions dans le nord de Londres. Camden dégage une énergie communicative et se distingue par sa vie nocturne, tandis que Regent's Park constitue un havre de paix au milieu de l'animation qui règne alentour. Hampstead Heath, apprécié des Londoniens le week-end, offre une magnifique escapade en plein air.

Commencez par une matinée d'exploration de Regent's Park (p. 175) et le fascinant ZSL London Zoo (p. 174). À Camden Town, grignotez divers en-cas au Camden Market (p. 174). Finissez d'explorer les marchés avant de vous offrir une bonne glace chez Chin Chin Labs (p. 176) ou un verre dans le beer garden de l'Edinboro Castle (p. 177) pour une pause désaltérante. Au dîner, choisissez entre des délices indiens du Namaaste Kitchen (p. 177) ou un fish and chips au Hook Camden Town (p. 176). Le reste de la soirée est tout décidé : Camden déborde d'excellents pubs et de musique live pour tous les goûts.

Comment y aller et circuler

Baker St (sur les lignes Jubilee, Metropolitan, Circle, Hammersmith & City et Bakerloo) est pratique pour rejoindre Regent's Park. Les stations Camden Town et Chalk Farm, sur la Northern Line, se trouvent à Camden. Hampstead est aussi sur la Northern Line.

Plan de Regent's Park et Camden p. 172

Boutiques de Camden High St VALDIS SKUDRE/SHUTTERSTOCK ©

Promenade à pied

Les incontournables de North London

Les possibilités de promenade (dans les parcs et les marchés, le long des canaux) constituent l'un des attraits de North London. Cet itinéraire inclut des lieux parmi les plus charmants et les sites à ne pas manquer. Si possible, restez le soir pour profiter des fantastiques concerts de Camden.

La promenade

Départ Madame Tussauds ; ⊖ Baker St

Arrivée Lock Tavern ; ⊖ Chalk Farm

Distance 3,8 km

Durée 2 heures 30

❶ Madame Tussauds

N'oubliez pas votre perche à selfie pour vous photographier avec vos idoles dans ce musée de cire (p. 174) où de nombreuses personnalités se laissent admirer : hommes d'État passés et présents, sportifs, acteurs, chanteurs et personnages de films.

❷ Regent's Park

Descendez Marylebone Rd et tournez à gauche dans York Gate pour rejoindre Regent's Park (p. 175). Suivez la rive du **plan d'eau** pour explorer les endroits les plus enchanteurs du parc avant de traverser vers le **Broadwalk**, l'allée principale du parc.

❸ London Zoo

Découvrez le célèbre zoo de Londres (p. 174), où les enclos reproduisent au plus près les habitats d'origine des animaux – ne manquez pas la Penguin Beach, le Tiger Territory, le Butterfly Paradise, le Gorilla Kingdom et le Land of the Lions.

❹ Vue depuis Primrose Hill

Traversez Regent's Canal et gagnez le sommet de Primrose Hill (p. 175) pour une vue fabuleuse sur les toits de Londres. Le parc est très prisé des familles et pique-niqueurs le week-end.

❺ Regent's Canal

Redescendez Primrose Hill et empruntez le pittoresque chemin de halage du Regent's Canal pour rejoindre Camden. Le sentier est bordé de péniches d'habitation et de vieux entrepôts reconvertis en appartements modernes. Quittez le sentier une fois arrivé à Camden Lock et son marché.

❻ Camden Market

Flânez parmi les stands de sacs, vêtements, bijoux et artisanat du célèbre marché de Camden. Il comprend trois principaux espaces, mais tous vendent plus ou moins les mêmes choses. Ne ratez pas l'original, Camden Lock Market (p. 179), mais explorez aussi Stables Market (p. 179).

❼ Boisson revigorante

Entrez au Lock Tavern (p. 178) pour un rafraîchissement bien mérité – s'il fait beau, installez-vous sur le toit-terrasse et observez le monde. Renseignez-vous sur la programmation du soir, le pub accueille régulièrement des groupes et des DJ.

Une petite pause ?

Camden Market (p. 174) déborde de stands de cuisine à emporter proposant un vaste choix de plats du monde – crêpes, chinois, grillades argentines et sushis, il y a de tout. Les becs sucrés iront directement au **Chin Chin Labs** (p. 176) pour découvrir ses surprenantes glaces à l'azote liquide.

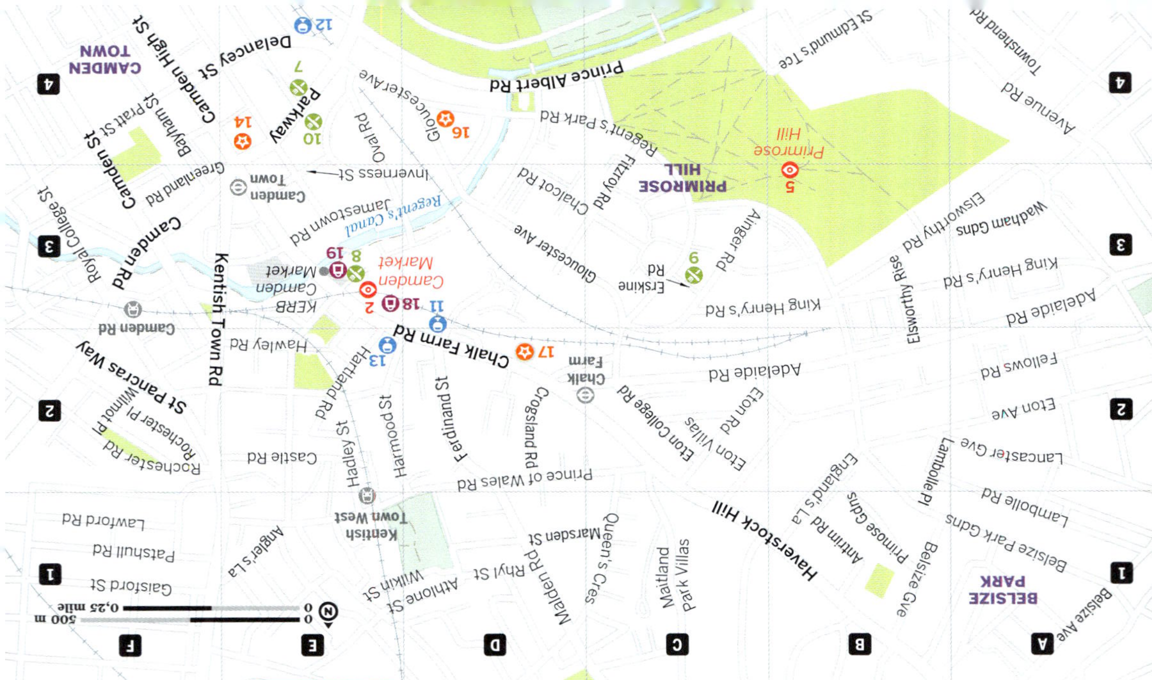

A
B
C
D
E
F
1
2
3
4
500 m
0,25 mile
BELSIZE PARK
PRIMROSE HILL
CAMDEN TOWN
Primrose Hill
Camden Market
Regent's Canal
Haverstock Hill
Chalk Farm Rd
Kentish Town Rd
Camden Rd
Camden St
Camden High St
Prince Albert Rd
St Pancras Way
Parkway
Delancey St
Kentish Town West
Chalk Farm
Camden Town
KERB
Camden Market
Belsize Ave
Belsize Park Gdns
Belsize Gve
Lambolle Rd
Lambolle Pl
Lancaster Gve
Eton Ave
Fellows Rd
Adelaide Rd
King Henry's Rd
Wadham Gdns
Elsworthy Rd
Elsworthy Rise
Avenue Rd
Townshend Rd
St Edmund's Tce
Primrose Gdns
Antrim Rd
England's La
Eton Rd
Eton Villas
Eton College Rd
Maitland Park Villas
Queen's Cres
Marsden St
Malden Rd
Rhyl St
Athlone St
Wilkin St
Prince of Wales Rd
Crogsland Rd
Ferdinand St
Harmood St
Hadley St
Hartland Rd
Castle Rd
Hawley Rd
Angler's La
Gaisford St
Patshull Rd
Lawford Rd
Rochester Rd
Rochester Pl
Wilmot Pl
Camden Rd
Royal College St
Greenland Rd
Bayham St
Pratt St
Inverness St
Jamestown Rd
Oval Rd
Gloucester Ave
Chalcot Rd
Fitzroy Rd
Regent's Park Rd
Ainger Rd
Erskine Rd
2
5
7
8
9
10
11
12
13
14
16
17
18
19

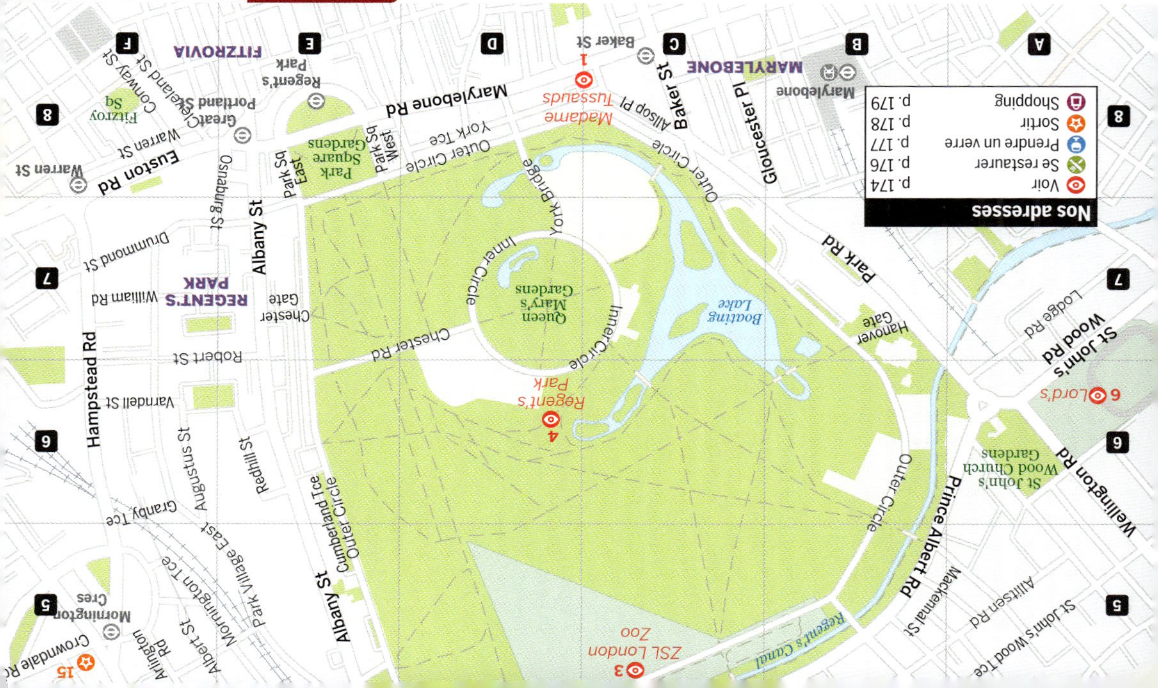
Nos adresses
Voir p. 174
Se restaurer p. 176
Prendre un verre p. 177
Sortir p. 178
Shopping p. 179
Regent's Park
Queen Mary's Gardens
Boating Lake
ZSL London Zoo
Madame Tussauds
Lord's
REGENT'S PARK
MARYLEBONE
FITZROVIA
Marylebone Rd
Euston Rd
Hampstead Rd
Albany St
Baker St
Gloucester Pl
Park Rd
Prince Albert Rd
Wellington Rd
St John's Wood Rd
Outer Circle
Inner Circle
Chester Rd
York Bridge
Regent's Canal
Park Square Gardens
St John's Wood Church Gardens
Fitzroy Sq

Voir

Madame Tussauds

MUSÉE

1 PLAN P. 172, C8

Quoique kitsch et onéreux, ce musée de cire offre toujours un bon moment. Vous pourrez vous faire photographier avec les célébrités du moment (Daniel Craig, Lady Gaga, Benedict Cumberbatch, Audrey Hepburn ou les Beckham), celles de Bollywood (Hrithik Roshan et Salman Khan) et de la famille royale (la reine, Harry, William et Kate). Réservez en ligne pour obtenir des tarifs avantageux et consultez les horaires sur le site Internet. (0870 400 3000 ; www.madame-tussauds.com/london ; Marylebone Rd, NW1 ; adulte/enfant 4-15 ans 35/30 £ ; 10h-16h ; Baker St)

Camden Market

MARCHÉ

2 PLAN P. 172, E3

C'est parce qu'il a cessé il y a bien longtemps d'être avant-gardiste que Camden Market attire chaque année des millions de visiteurs. C'est l'un des sites les plus prisés de Londres. L'ancien ensemble de stands d'artisanat à côté de Camden Lock, sur le Regent's Canal, s'étend désormais entre les stations de métro Camden Town et Chalk Farm. (www.camdenmarket.com ; Camden High St, NW1 ; 10h-18h ; Camden Town, Chalk Farm)

ZSL London Zoo

ZOO

3 PLAN P. 172, C5

Créé en 1828, ce zoo de 15 ha est l'un des plus anciens du monde. Aujourd'hui, l'accent est mis sur la préservation, la pédagogie et la reproduction, avec moins d'animaux et de plus grands espaces. Ne manquez pas la **Land of the Lions**, le **Gorilla Kingdom**, le **Tiger Territory**, les **In with the Lemurs** et **Butterfly Paradise** que l'on peut traverser. Des conférences sont programmées toute la journée. Le zoo propose aussi diverses expériences, telles que gardien d'un jour ou une nuit au zoo. (www.zsl.org/zsl-london-zoo ; Outer Circle, Regent's Park, NW1 ; adulte/enfant 22,73/17,73 £ ; 10h-18h avr-sept, 10h-17h30 mars et oct, 10h-16h nov-fév ; ; 274)

Quartiers de North London

North London est un ensemble de petits quartiers, d'anciens villages intégrés à Londres à mesure que la métropole s'agrandissait. C'est un secteur très vert, qui abrite certains des plus beaux parcs de la ville. Les sites sont assez disséminés dans la partie nord, et il faut beaucoup marcher pour explorer Hampstead vallonné et ses alentours. Une balade le long du Regent's Canal permet de relier Regent's Park, Camden et King's Cross.

LUKASZ PAJOR/SHUTTERSTOCK ©

Camden Lock Market (p. 179)

Regent's Park

PARC

4 PLAN P. 172, D6

Regent's Park, le plus soigné des parcs londoniens, est aussi l'un des plus charmants. Parmi ses multiples attractions figurent le London Zoo, **Regent's Canal** et des terrains de sport où les habitants viennent pratiquer le football, le rugby et le volley. Les **Queen Mary's Gardens**, vers le sud du parc, sont très agréables, notamment en juin quand les roses sont en fleur. Des spectacles se déroulent dans un **théâtre à ciel ouvert** (0844 826 4242 ; www.openairtheatre.org ; Queen Mary's Gardens, Regent's Park, NW1 ; mai-sept ; ; Baker St) pendant l'été. (www.royalparks.org.uk ; 5h-crépuscule ; Regent's Park, Baker St)

Primrose Hill

PARC

5 PLAN P. 172, B3

Les week-ends d'été, le parc de Primrose Hill est pris d'assaut par les habitants qui viennent pique-niquer et admirer la vue exceptionnelle sur les gratte-ciel. La semaine, on y trouve surtout des promeneurs et des nounous. Un endroit délicieux pour flâner ou déguster un sandwich au grand air. (Chalk Farm)

Lord's

TERRAIN DE CRICKET

6 PLAN P. 172, A6

Tout amoureux de ce sport britannique se doit de visiter le "berceau du cricket". Réservez tôt pour les test-matchs. Les amateurs pourront aussi suivre la visite pleine

Promenade le long du canal

Si les canaux étaient jadis un lien vital pour l'approvisionnement de la capitale, les Londoniens viennent aujourd'hui s'y promener, fuyant les voitures et la foule. Vous pouvez aller de Little Venice à Camden en moins d'une heure ; en chemin, vous croiserez Regent's Park, le London Zoo, Primrose Hill, de belles villas conçues par l'architecte John Nash, ainsi que d'anciens bâtiments industriels rénovés en immeubles d'habitation tendance. Comptez 15 à 20 minutes entre Camden et Regent's Park, puis 25 à 30 minutes entre Regent's Park et Little Venice. Le sentier est pourvu de nombreuses sorties et de panneaux indicateurs.

d'anecdotes (1h40, réservation en ligne obligatoire) qui conduit dans la célèbre Long Room, où les membres regardent les matchs entourés de portraits des grands du cricket, et dans un musée renfermant des objets évocateurs qui plairont aux fans d'hier et d'aujourd'hui. (020-7616 8500 ; www.lords.org ; St John's Wood Rd, NW8 ; visite adulte/enfant 24/15 £ ; 4-6 visites tlj ; St John's Wood)

Se restaurer

Hook Camden Town FISH & CHIPS £

7 PLAN P. 172, E4

Le Hook ne travaille qu'avec de petites pêcheries durables et des fournisseurs locaux. Toutes les sauces sont faites sur place et les poissons frais, extrêmement goûteux, sont servis enrobés de chapelure panko ou en beignets tempura, accompagnés de frites d'algues salées. Bières artisanales, bon vin. (www.hookrestaurants.com ; 63-65 Parkway, NW1 ; plats 8-12 £ ; 12h-15h et 17h30-21h lun, jusqu'à 22h mar-jeu, 12h-22h30 ven-sam, 12h-21h dim ; ; Camden Town)

Chin Chin Labs GLACIER £

8 PLAN P. 172, E3

Le nec plus ultra de la chimie culinaire. Ici, une fois préparée, la base est gelée en ajoutant de l'azote liquide. Les parfums des glaces changent régulièrement et suivent le rythme des saisons (pain brioché aux épices, fruits de la Passion et noix de coco, etc.). Les nappages et garnitures sont tout aussi inventifs. Goûtez le sandwich glacé : de la glace entre deux brownies ou cookies. (www.chinchinlabs.com ; 49-50 Camden Lock Pl, NW1 ; glace 4-5 £ ; 12h-19h tlj ; Camden Town)

Manna VÉGÉTARIEN ££

9 PLAN P. 172, C3

Dissimulé dans une petite rue, cet établissement haut de gamme sert une cuisine inventive végétarienne et végane. Au menu, des plats appétissants et superbement présentés, incorporant des éléments de la cuisine californienne, mexicaine ou asiatique, et lorgnant vers la très branchée *raw food* (cuisine crue). Le cheesecake du jour est toujours un succès. (☎020-7722 8028 ; www.mannav.com ; 4 Erskine Rd, NW3 ; plats 8-15 £ ; 🕑12h-15h et 18h30-22h mar-sam, 12h-19h30 dim ; 🖋 ; ⊖Chalk Farm)

Namaaste Kitchen INDIEN ££

10 PLAN P. 172, E4

Élu Chef of the Year en 2014 et en 2015, le chef Sabbir Karim et son équipe proposent une carte d'une excellente facture. Mais puisqu'il faut choisir, essayez l'assiette de grillades (la viande et le poisson sont incroyablement tendres et goûteux). L'assortiment de pains est un autre point fort, avec des spécialités comme le *missi roti* aux épices, pour changer du classique *naan*. (☎020-7485 5977 ; www.namaastekitchen.co.uk ; 64 Parkway, NW1 ; plats 10,50-19 £ ; 🕑12h-23h30 lun-sam, 12h-23h dim ; 🖋 ; ⊖Camden Town)

Prendre un verre

Proud Camden BAR

11 PLAN P. 172, D3

Le Proud occupe un ancien hôpital équin dans Stables Market, avec box privatifs dans les anciennes stalles, fantastiques œuvres d'art aux murs (le bar principal est une galerie en journée) et une excentrique terrasse-jardin, avec bain à remous. C'est aussi l'une des meilleures scènes de Camden, programmant groupes en live et DJ presque tous les soirs (gratuit-15 £). (www.proudcamden.com ; Stables Market, Chalk Farm Rd, NW1 ; 🕑11h-1h30 lun-sam, 11h-minuit dim ; ⊖Chalk Farm)

Edinboro Castle PUB

12 PLAN P. 172, E4

Grand et décontracté, l'Edinboro allie une ambiance raffinée, du beau mobilier confortable, un joli bar et une carte complète. Toutefois, son point fort est son immense *beer garden*, avec des barbecues et de jolies guirlandes de lumières en été, et un chauffage bienvenu en

Manger sur le pouce au marché de Camden

Des dizaines de stands de cuisine à Camden Lock Market, propriété du collectif **KERB** (Plan p. 172, E3 ; www.kerbfood.com ; Camden Lock Market ; plats 6-8 £ ; 🕑12h-17h tlj ; 🖋 ; ⊖Camden Town), et à Stables Market (p. 179), proposent toutes sortes de cuisines : française, argentine, japonaise et caribéenne. Les plats sont assez bons (même si la qualité varie) et les prix sont corrects. On les déguste sur de grandes tables communes, ou au bord du canal.

Rock à North London

North London est le berceau du rock indé. De nombreux groupes célèbres ont commencé dans les bars obscurs du quartier. Tous les soirs de la semaine, vous trouverez à coup sûr de la musique live. Plusieurs établissements proposent des concerts en première partie de soirée (généralement autour de 19h ou 20h), suivis de soirées club vers minuit.

hiver. (www.edinborocastlepub.co.uk ; 57 Mornington Tce, NW1 ; 12h-23h lun-sam, 12h-22h30 dim ; ; Camden Town)

Lock Tavern PUB

13 PLAN P. 172, E2

Institution de Camden, ce pub tout de noir vêtu est tout simplement superbe : son intérieur cosy, son *beer garden* à l'arrière et son superbe toit-terrasse d'où l'on peut observer les clients du marché font du Lock Tarvern un incontournable du quartier. La bière qui coule à flots et les nombreux groupes et DJ célèbres mettent l'ambiance le week-end et contribuent à la réputation du lieu. Il est vivement recommandé d'y danser. Entrée toujours gratuite. (www.lock-tavern.com ; 35 Chalk Farm Rd, NW1 ; 12h-minuit lun-jeu, 12h-1h ven-sam, 12h-23h dim ; Chalk Farm)

Sortir

Jazz Cafe MUSIQUE LIVE

14 PLAN P. 172, E4

Son nom laisse penser que le jazz est l'élément principal, mais ce n'est qu'une petite partie de la programmation. Cet espace intimiste propose aussi de la funk, du hip-hop, du R&B, de la soul et du groove. De grands noms s'y produisent régulièrement. Soul le samedi soir, avec deux concerts du groupe de l'établissement. (020-7485 6834 ; www.thejazzcafelondon.com ; 5 Parkway, NW1 ; spectacles à partir de 19h, soirées club 22h-3h ; Camden Town)

KOKO MUSIQUE LIVE

15 PLAN P. 172, F5

Successeur du légendaire Camden Palace, où se produisirent Charlie Chaplin, les Goons et les Sex Pistols, et où Prince donnait des concerts-surprises, KOKO continue d'être l'un des meilleurs lieux de concert de Londres. La salle, qui comporte une piste de danse et de somptueux balcons, attire une clientèle indé. Des groupes jouent presque tous les soirs. Soirées club très prisées le samedi. (www.koko.uk.com ; 1a Camden High St, NW1 ; Mornington Cres)

Cecil Sharp House MUSIQUE TRADITIONNELLE

16 PLAN P. 172, D4

Si vous avez toujours eu envie de faire claquer vos talons, d'agiter un mouchoir ou de faire sonner des clochettes, alors cet endroit est fait pour vous. Résidence de l'English Folk Dance and Song Society, cet institut entretient toutes sortes de traditions folkloriques saugrenues. Les spectacles et les cours se déroulent dans le splendide Kennedy Hall, tapissé de peintures murales. On s'amuse follement pendant les cours de danse ; aucune expérience requise. (www.cecilsharphouse.org ; 2 Regent's Park Rd, NW1 ; ⊖Camden Town)

Roundhouse SALLE DE CONCERT

17 ✪ PLAN P. 172, D2

Construit en 1847 comme hangar de réparation de voies ferrées, ce bâtiment original, circulaire et classé monument historique, fut converti dans les années 1960 en centre d'art accueillant des groupes légendaires, puis fut quasiment abandonné en 1983. Au XXIe siècle, sa renaissance comme centre de création est une réussite. Il accueille désormais toutes sortes d'événements : grands noms de la musique et de la danse, cirque, stand-up, slam et improvisation. (www.roundhouse.org.uk ; Chalk Farm Rd, NW1 ; ⊖Chalk Farm)

Shopping

Stables Market MARCHÉ

18 PLAN P. 172, E3

Relié au Lock Market, le Stables Market recèle le meilleur du marché de Camden. Parmi ses spécialités : antiquités, objets asiatiques, tapis, meubles et vêtements vintage. Il occupe d'anciennes écuries, dotées d'un hôpital équin, où logeaient jusqu'à 800 chevaux (qui tiraient les péniches sur Regent's Canal). (www.camdenmarket.com ; Chalk Farm Rd, NW1 ; 10h-18h tlj ; ⊖Chalk Farm)

Camden Lock Market MARCHÉ

19 PLAN P. 172, E3

Ce marché d'origine, tout près de l'écluse, rassemble divers stands de restauration, céramiques, meubles, tapis orientaux, instruments de musique et vêtements. (www.camdenmarket.com ; 54-56 Camden Lock Pl, NW1 ; 10h-18h tlj ; ⊖Camden Town)

Promenade à pied

Balade verte dans Hampstead Heath

Immense étendue de forêts et de prairies, Hampstead Heath semble bien loin de la ville pourtant toute proche. Ses 320 ha, abritant quelque 180 espèces d'oiseaux, mais aussi papillons, couleuvres, chauves-souris et une grande diversité végétale, offrent une vaste perspective depuis Parliament Hill. Les habitants de North London adorent ce vaste espace vert familial propice aux balades et aux pique-niques.

Comment y aller

Pour le Highgate Cemetery : station Archway (Northern Line). La station Hampstead se trouve aussi sur la Northern Line.

Gospel Oak et Hampstead Heath (Overground) sont à l'extrémité sud du parc.

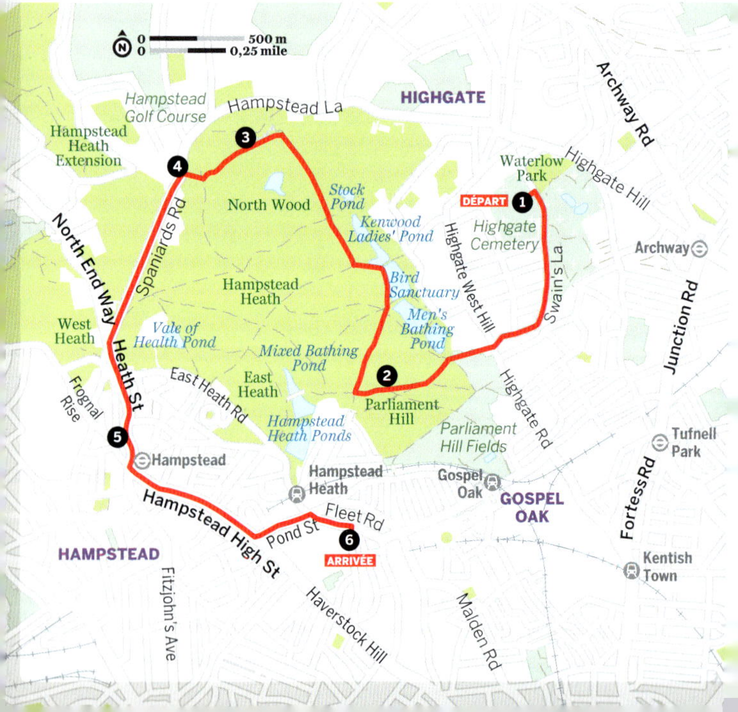

❶ Explorer le cimetière

Ultime demeure de Karl Marx, George Eliot et de l'agent secret russe Alexandre Litvinenko (empoisonné au polonium en 2006), le **Highgate Cemetery** (www.highgatecemetery.org ; adulte/enfant 4 £/gratuit ; ⏲10h-16h lun-ven, 11h-16h sam-dim) est divisé entre est et ouest. Pour accéder à l'évocateur West Cemetery, la visite guidée est impérative.

❷ Parliament Hill

Depuis le cimetière, descendez Swain's Lane jusqu'au rond-point menant à Highgate West Hill, puis gravissez Parliament Hill, où vous attend une vue splendide sur le sud de la ville. L'endroit est prisé pour pique-niquer – dénichez un coin d'herbe, déballez vos sandwichs et profitez du panorama. Par beau temps, vous pourrez même vous baigner dans les **Hampstead Heath Ponds** (www.cityoflondon.gov.uk ; adulte/enfant 2/1 £ ; ⊖Hampstead Heath), ouverts toute l'année (baignade surveillée).

❸ Visiter la Kenwood House

Traversez le parc jusqu'à la magnifique **Kenwood** (www.english-heritage.org.uk ; Hampstead Lane, NW3; entrée libre ; ⏲10h-16h), demeure néoclassique du XVIIIe siècle dans un superbe jardin paysager qui conduit à un lac. La maison abrite une collection d'art, avec des œuvres de Rembrandt, Constable et Turner. Admirez les **sculptures** de Henry Moore et de Barbara Hepworth dans les jardins.

❹ Pause désaltérante

À la lisière du parc se dresse cette merveilleuse taverne de 1585, fréquentée par Byron, Shelley, Keats et Dickens. Ancien bureau de péage, la **Spaniard's Inn** (www.thespaniardshampstead.co.uk ; ⏲12h-23h tlj) a conservé son charme historique – lambris, intérieur désordonné, accueil chaleureux – et reste très appréciée des promeneurs du quartier, des familles et des visiteurs.

❺ Flâner dans Hampstead

Prenez le bus n°210 jusqu'à l'arrêt Jack Straw's Castle et descendez jusqu'au quartier historique de Hampstead. Apprécié des artistes de l'entre-deux guerres, il a conservé une ambiance bohème, avec de somptueuses demeures, des rues arborées, des cafés et de jolies boutiques. Pour de très beaux vêtements de créateurs vendus d'occasion, allez chez **Exclusivo** (2 Flask Walk, NW3 ; ⏲10h30-18h).

❻ Dîner au Stag

Achevez la journée par une promenade jusqu'au **Stag** (www.thestagnw3.com ; plats 9-17,50 £ ; ⏲12h-23h). Ce *gastropub* vous gratifiera d'une délicieuse cuisine britannique accompagnée d'une bonne carte de vins. La tourte au bœuf et à la bière (*beef and ale pie*) est exceptionnelle, tout comme les desserts.

Explorer Shoreditch et l'East End

Shoreditch et Spitalfields compensent leur manque de sites touristiques par leur atmosphère et leur histoire. On trouve ici des rappels poignants de la longue histoire d'immigration de la capitale et de captivantes maisons-musées. Ce secteur est aussi le cœur de l'industrie créative de Londres et semble façonner le prochain chapitre de son histoire.

Commencez par explorer l'historique Clerkenwell, avec une visite de l'ancienne Charterhouse (p. 187). Dégustez un fish and chips au Poppie's (p. 188), dans un cadre fantastique. À moins d'obtenir un billet pour une visite aux chandelles de la Dennis Severs' House (p. 187), passez simplement découvrir sa magie particulière. Arrêtez-vous à l'Old Spitalfields Market (p. 191), flânez dans les rues du quartier georgien de Spitalfields (p. 188). Descendez la vivante Brick Lane (p. 187) et prenez à manger au Brick Lane Beigel Bake (p. 189). Allez prendre un verre au Cocktail Trading Co (p. 189) ou au Queen of Hoxton (p. 190). Pour passer un agréable moment, allez voir un film à l'Electric Cinema (p. 190) ou régalez-vous au Brawn (p. 188).

Comment y aller et circuler

⊖ Liverpool St est la station de métro la plus proche de Spitalfields. Old St est l'arrêt idéal pour la partie ouest de Hoxton et Shoreditch.

🚆 Shoreditch High St et Hoxton sont les stations les plus proches de Spitalfields et des parties est de Shoreditch et Hoxton.

🚌 Les lignes de bus utiles sont les n°55, 8 et 242.

Plan Shoreditch et l'East End p. 186

Pitfield Street, Hoxton, *Art Thief* de STIK ANDY KIRBY/MRKIRBY/500PX ©

Promenade à pied

Un dimanche dans l'East End

L'East End possède une histoire multiculturelle. Quartier typiquement cockney, il a été marqué par les différentes vagues de migrants qui s'y sont installés (Français, protestants, juifs, Bangladais) et connaît depuis quelques années un formidable coup de jeune avec le phénomène hipster. Il est particulièrement agréable et animé le week-end, lorsque les marchés sont en pleine effervescence.

La promenade

Départ Columbia Road Flower Market ; ⊖ Hoxton

Arrivée Yuu Kitchen ; ⊖ Aldgate East

Distance 1,2 km

Durée 3 à 4 heures, selon les arrêts

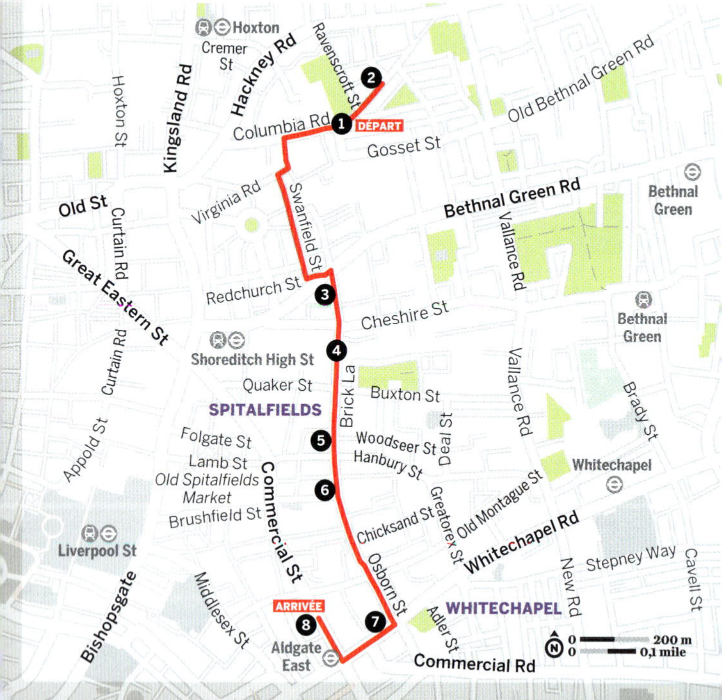

❶ Columbia Rd Flower Market

Ce **marché hebdomadaire** (www.columbiaroad.info ; 8h-15h dim) offre une incroyable variété de fleurs et de plantes. L'accent cockney, typique du Londres populaire, y résonne. Venez de bonne heure car il est vite bondé.

❷ Pause au pub

Fuyez la foule en allant au **Royal Oak** (www.royaloaklondon.com ; 16h-23h lun-ven, 12h-minuit sam, 11h-22h30 dim), un pub ancien de l'East End à la devanture en bois, doté d'un petit jardin à l'arrière.

❸ Bagel à emporter

Brick Lane constituait autrefois le centre du quartier juif de l'East End. La communauté juive s'est aujourd'hui dispersée, mais **Brick Lane Beigel Bake** (p. 189) remporte toujours un franc succès avec ses bagels maison.

❹ Marché de Brick Lane

Brick Lane est connu pour son immense **marché** (www.visitbricklane.org ; 10h-17h dim), où se mêlent vintage, brocante, habits bon marché et étals d'alimentation.

❺ Stands de créateurs à l'Old Truman Brewery

La Truman's Black Eagle Brewery fut dans les années 1850 la plus grande brasserie du monde. Aujourd'hui s'y tiennent des marchés de créateurs, comme le **Sunday UpMarket** (www.sundayupmarket.co.uk ; 11h-18h sam, 10h-17h dim).

❻ Grande Mosquée

Aucun autre édifice ne peut mieux symboliser les différentes vagues d'immigration qui se sont succédé à Spitalfields que cette **mosquée** (www.bricklanejammemasjid.co.uk). Édifiée en 1743 comme église française pour les huguenots, elle fut une chapelle méthodiste de 1819 jusqu'à sa transformation, en 1898, en grande synagogue pour les réfugiés juifs en provenance de Russie et d'Europe centrale. Elle devint la Grande Mosquée en 1976.

❼ Whitechapel Gallery

Cette **galerie** avant-gardiste (www.whitechapelgallery.org ; entrée libre ; 11h-18h mar, mer et ven-dim, jusqu'à 21h jeu) accueille des expositions d'art contemporain. Elle s'est fait un nom en présentant notamment les premières expositions au Royaume-Uni de Pablo Picasso et Frida Kahlo.

❽ Yuu Kitchen

L'East End étant connu pour ses restaurants ethniques, terminez la journée par un festin asiatique. Images de manga aux murs et cages à oiseau suspendues au plafond, ce **restaurant** (www.yuukitchen.com ; plats 4,50-8,50 £ ; 17h30-tard lun-mar, 12h-14h30 et 17h30-tard mer-ven, 12h-16h et 17h30-tard sam-dim) est sympathique et décontracté. Ne manquez pas les formidables *bao* (pains vapeur taïwanais).

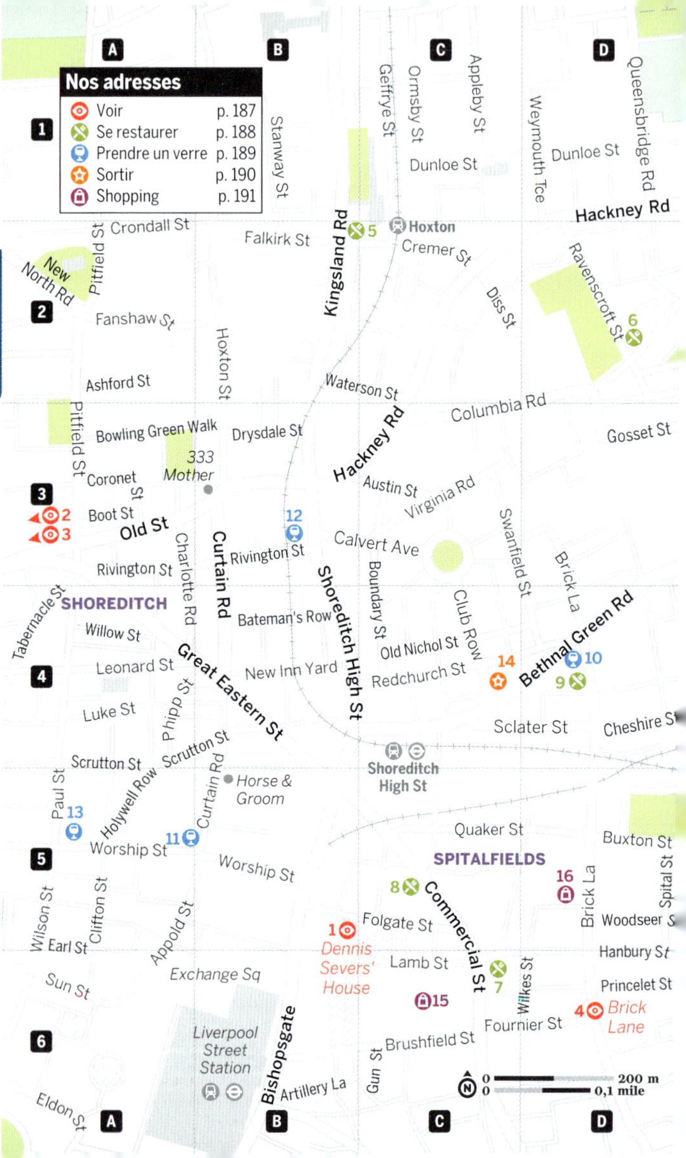
Nos adresses
Voir p. 187
Se restaurer p. 188
Prendre un verre p. 189
Sortir p. 190
Shopping p. 191
A
B
C
D
1
2
3
4
5
6
Geffrye St
Ormsby St
Appleby St
Weymouth Tce
Queensbridge Rd
Stanway St
Dunloe St
Dunloe St
Hackney Rd
Crondall St
Falkirk St
Kingsland Rd
5
Hoxton
Cremer St
New North Rd
Pitfield St
Fanshaw St
Hoxton St
Diss St
Ravenscroft St
6
Ashford St
Waterson St
Columbia Rd
Pitfield St
Bowling Green Walk
Drysdale St
Gosset St
333 Mother
Hackney Rd
Coronet St
Austin St
Virginia Rd
2
3
Boot St
Old St
12
Rivington St
Calvert Ave
Swanfield St
Brick La
Rivington St
Charlotte Rd
Curtain Rd
Shoreditch High St
Boundary St
Club Row
Tabernacle St
SHOREDITCH
Bateman's Row
Bethnal Green Rd
Willow St
Old Nichol St
Leonard St
Great Eastern St
New Inn Yard
Redchurch St
14
10
9
Phipp St
Luke St
Sclater St
Cheshire St
Scrutton St
Scrutton St
Shoreditch High St
Paul St
Holywell Row
Curtain Rd
Horse & Groom
13
11
Worship St
Quaker St
Buxton St
Worship St
SPITALFIELDS
8
Commercial St
16
Brick La
Spital St
Wilson St
Clifton St
Appold St
1
Folgate St
Woodseer St
Earl St
Dennis Severs' House
Lamb St
Hanbury St
Sun St
Exchange Sq
7
Wilkes St
Princelet St
15
4
Brick Lane
Fournier St
Liverpool Street Station
Bishopsgate
Brushfield St
Gun St
Artillery La
N
0 200 m
0 0,1 mile
Eldon St
A
B
C
D

Voir

Dennis Severs' House MUSÉE

1 PLAN P. 186, B5

Cette superbe maison georgienne est aménagée comme si elle était encore habitée par une famille de tisserands de soie huguenots. On y découvre des tasses de thé à moitié pleines et de la nourriture entamée, des bougies allumées et, détail peut-être inutile, un pot de chambre plein près du lit. Plus qu'un musée, c'est l'occasion de s'interroger en silence sur les menus détails du quotidien à l'époque georgienne.

Réservation indispensable pour les séances Silent Night (tous les lundis, mercredis et vendredis de 17h à 21h), aux chandelles, mais possibilité de visiter la journée. Les visites durent environ 45 minutes. (020-7247 4013 ; www.dennisseversshouse.co.uk ; 18 Folgate St, E1 ; jour/nuit 10/15 £ ; 12h-14h et 17h-21h lun, 17h-21h mer et ven, 12h-16h dim ; Liverpool St)

Charterhouse ÉDIFICE HISTORIQUE

2 PLAN P. 186, A3

Monastère, demeure Tudor, puis fondation caritative depuis 1611, la Charterhouse joue un rôle discret mais important dans l'histoire de Londres. Les visiteurs accèdent gratuitement au petit musée, à la chapelle et à la cour principale. Trois fois par jour, une visite d'une heure permet d'en voir plus (10 £ bien justifiées). Elle conduit dans les pièces et les cours historiques, et dans le cloître. (020-7253 9503 ; www.thecharterhouse.org ; Charterhouse Sq, EC1M ; entrée libre ; 11h-17h mar-dim ; Barbican)

St John's Gate ÉDIFICE HISTORIQUE

3 PLAN P. 186, A3

Cette remarquable porte Tudor date de 1504. Au XIIe siècle, les Chevaliers hospitaliers (ordre militaire chrétien attaché à apporter des soins aux malades) installèrent un prieuré à cet emplacement. À l'intérieur, un petit musée couvre l'histoire de l'ordre (et comprend de rares exemples d'armures de chevaliers), ainsi que sa renaissance au XIXe siècle en Grande-Bretagne sous la forme de l'ordre de Saint-Jean et de la fondation de la St John Ambulance. (www.museumstjohn.org.uk ; St John's Lane, EC1M ; entrée libre ; 10h-17h tlj juil-sept, lun-sam oct-juin ; Farringdon)

Brick Lane RUE

4 PLAN P. 186, D6

Bruyante, colorée et vivante, Brick Lane est un mélange animé d'histoire et de modernité, un collage de cultures. Aujourd'hui, c'est le cœur d'une communauté bengali florissante dans un secteur surnommé Banglatown. Dans la partie sud de la ruelle se succèdent restaurants de curry, *balti houses*, boutiques de tissus et supermarchés indiens. (Shoreditch High St, Liverpool St)

Spitalfields à l'époque georgienne

Peuplé autour de son célèbre marché et de sa grande église paroissiale, Spitalfields est l'un des quartiers les plus multiculturels de la capitale. Des vagues d'immigrés huguenots (protestants français), juifs, irlandais et, plus récemment, indiens et bangladais y ont élu domicile. Pour vous faire une idée de ce qu'était Spitalfields à l'époque georgienne, flânez dans Princelet St, Fournier St, Elder St et Wilkes Street. Persécutés en France, les huguenots s'établirent ici dès la fin du XVIIe siècle et pratiquèrent le tissage de la soie.

Se restaurer

Sông Quê — VIETNAMIEN £

5 PLAN P. 186, B2

Jouissant d'une affluence dont rêvent la plupart des restaurants de la ville, cet établissement vietnamien sans fioritures sert depuis près de 15 ans les Londoniens. On fait souvent la queue, le service est parfois brusque, mais la cuisine est parfaite, incluant une vingtaine de fantastiques *phôs* au choix. (www.songque.co.uk ; 134 Kingsland Rd, E2 ; plats 7,20-9,50 £ ; 12h-15h et 17h30-23h lun-ven, 12h-23h sam, jusqu'à 22h30 dim ; Hoxton)

Brawn — EUROPÉEN ££

6 PLAN P. 186, D2

Il règne un air de France dans ce bistro d'angle décontracté, mais la carte affiche aussi des plats italiens et espagnols, et même l'institution britannique qu'est le *Sunday lunch* (déjeuner du dimanche, 3 plats 28 £). Plats délicieux et de saison. Intéressant choix de vins européens. (020-7729 5692 ; www.brawn.co ; 49 Columbia Rd, E2 ; plats 14-19 £ ; 12h-15h mar-sam, 18h-22h30 lun-jeu, jusqu'à 23h ven-sam, 12h-16h dim ; Hoxton)

Poppie's — FISH & CHIPS ££

7 PLAN P. 186, C6

Superbe reconstitution d'une friterie des années 1950, ornée d'objets de l'époque du Blitz, avec personnel en tablier et charlotte. Outre l'habituel poisson, on y sert des spécialités londoniennes d'antan – gelée d'anguilles et purée de petits pois – et des desserts qui raviront les enfants (pudding au caramel ou tarte aux pommes et glace). (www.poppiesfishandchips.co.uk ; 6-8 Hanbury St, E1 ; plats 12,20-16,90 £ ; 11h-23h lun-jeu, 11h-23h30 ven-sam, 11h-22h30 dim; Liverpool St)

Hawksmoor — STEAK £££

8 PLAN P. 186, C5

Il est facile de rater le Hawksmoor, discrètement indiqué, mais il vaut le détour pour les amateurs de viande. Boiseries sombres, briques apparentes et rideaux de velours forment un joli cadre où déguster le meilleur bœuf britannique. Les *Sunday roasts* (rôtis du dimanche, 20 £) sont légendaires. (020-7426 4850 ; www.thehawksmoor.com ; 157 Commercial St, E1 ; plats 20-50 £ ; 12h-14h30 et 17h-22h30 lun-sam, 12h-21h dim ; ; Liverpool St)

Brick Lane Beigel Bake

BOULANGERIE £

9 PLAN P. 186, D4

Ce vestige de l'East End juif sert des bagels maison très bon marché (garnis de saumon, fromage frais et/ou bœuf salé) aux passants affamés ou aux fêtards. La queue le dimanche est interminable. (159 Brick Lane, E2 ; bagels 1-4,10 £ ; 24h/24 ; Shoreditch High St)

Prendre un verre

Cocktail Trading Co

BAR À COCKTAILS

10 PLAN P. 186, D4

Dans un quartier réputé pour sa nonchalance et son avant-gardisme, ce bar à cocktails se démarque par son élégance. Les boissons sont sans égales, des saveurs à la présentation – bouteilles dans une enveloppe, glaçons aussi gros qu'un Rubik's cube, etc. Le cadre évoque un club de gentlemen, un peu plus chaleureux et accueillant. (www.thecocktailtradingco.co.uk ; 68 Bethnal Green Rd, E1 ; 17h-23h30 lun-mer, 17h-minuit jeu-ven, 14h-minuit sam, 14h-22h30 dim ; Shoreditch High St)

Bagel au bœuf salé

Queen of Hoxton

BAR

11 PLAN P. 186, A5

Ce bar industriel-chic propose une salle de jeu, un sous-sol et diverses soirées musicales (telles que cours de danse et sessions ukulélé), mais son véritable atout reste le grand bar sur le toit, orné de fleurs, de guirlandes lumineuses et même d'un wigwam. Magnifique vue sur la ville. (www.queenofhoxton.com ; 1 Curtain Rd, EC2A ; 16h-minuit lun-mer, jusqu'à 2h jeu-sam ; ; Liverpool St)

Cargo

BAR, CLUB

12 PLAN P. 186, B3

Cargo est l'un des clubs les plus éclectiques de Londres. Sa voûte en brique abrite une piste de danse, un bar et une terrasse extérieure ornée de deux dessins originaux de Banksy. Musique variée (hip-hop, pop, R&B et classiques de club) et nombreux groupes montants. Restauration toute la journée. (www.cargo-london.com ; 83 Rivington St, EC2A ; 12h-1h lun-jeu, jusqu'à 3h ven- sam, jusqu'à minuit dim ; Shoreditch High St)

Worship Street Whistling Shop

BAR À COCKTAILS

13 PLAN P. 186, A5

Si le nom en argot victorien désigne une boutique vendant illégalement de l'alcool, les barmen experts de ce bar en sous-sol explorent les confins de la chimie des cocktails et de la science aromatique, mais concoctent aussi les classiques. De nombreux ingrédients sont fabriqués à l'aide d'évaporateurs rotatifs dans le laboratoire maison. (020-7247 0015 ; www.whistlingshop.com ; 63 Worship St, EC2A ; 17h-minuit lun-mar, jusqu'à 1h mer-jeu, jusqu'à 2h ven-sam ; Old St)

Sortir

Electric Cinema

CINÉMA

14 PLAN P. 186, C4

Tenu par le Shoreditch House, un club privé très branché, c'est le genre de cinéma idéal pour un

Prendre un verre dans la nuit

Les pubs et clubs **333 Mother** (Plan p. 186, B3 ; www.333oldstreet.com ; 333 Old St, EC1V ; 12h-2h30 dim-jeu, jusqu'à 3h ven-sam ; Old St), **XOYO** (www.xoyo.co.uk ; 32-37 Cowper St, EC2A ; 22h-3h lun, mar et jeu, 21h30-4h ven-sam ; Old St), **Cargo** (ci-dessus) et **Horse & Groom** (Plan p. 186, B5 ; www.thehorseandgroom.net ; 28 Curtain Rd, EC2A ; 11h30-23h lun-mer, jusqu'à 2h jeu, jusqu'à 4h ven, 18h-4h sam ; Shoreditch High St) sont ouverts jusqu'à 3h au moins le week-end. Pour une pinte matinale, le **Fox & Anchor** (p. 123) rouvre ses portes à 7h (8h30 le week-end).

Où prendre un verre

Shoreditch est le porte-flambeau de la vie nocturne londonienne : des dizaines de bars, clubs et pubs, sont ouverts presque tous les soirs de la semaine (et jusqu'au petit matin le week-end) et peuvent être assez bruyants. Clerkenwell est plus calme, avec de jolis pubs historiques et d'élégants bars à cocktails. Entre ces deux extrêmes, Spitalfields se définit par sa clientèle de la City la semaine et les clients du marché le week-end.

rendez-vous galant, avec 48 places seulement dans de confortables fauteuils. Le complexe comprend un bar et un restaurant, et l'on peut emporter ses achats dans la salle. Très prisé, réservez. (020-3350 3490 ; www.electriccinema.co.uk ; 64-66 Redchurch St, E2 ; tickets 11-19 £ ; Shoreditch High St)

Shopping

Old Spitalfields Market

MARCHÉ

15 PLAN P. 186, C6

Installé ici depuis 1638, ce marché compte toujours parmi les meilleurs de Londres. L'actuel marché couvert fut construit au XIXe siècle et les aménagements les plus récents datent de 2006. Le dimanche est le jour le plus important et animé, le jeudi est idéal pour les objets anciens et le vendredi pour la mode indé. Nombreux stands alimentaires également. (www.oldspitalfieldsmarket.com ; Commercial St, E1 ; 10h-17h lun-ven et dim, 10h-18h sam ; Liverpool St)

Rough Trade East

MUSIQUE

16 PLAN P. 186, D5

Il n'est plus directement associé à la légendaire maison de disques (qui a produit les Smiths, les Libertines et les Strokes, entre autres), mais cet immense disquaire reste le meilleur pour la musique indépendante, soul, électro et alternative. Outre un choix impressionnant de CD et de vinyles, il propose aussi du café et des concerts promotionnels. (www.roughtrade.com ; Old Truman Brewery, 91 Brick Lane, E1 ; 9h-21h lun-jeu, jusqu'à 20h ven, 10h-20h sam, 11h-19h dim ; Shoreditch High St)

Vaut le détour

Observatoire royal et Greenwich Park

L'Observatoire royal associe l'étude de la mer, des étoiles et du temps. Choisi de manière un peu arbitraire en 1884 pour diviser le globe en deux hémisphères, est et ouest, le méridien origine passe dans la cour de l'Observatoire. Ce dernier est perché au sommet d'une colline du majestueux parc arboré Greenwich Park, le plus ancien parc royal de Londres.

www.rmg.co.uk

Greenwich Park, Blackheath Ave, SE10

adulte/enfant 10/6,50 £, avec Cutty Sark 20/11,50 £

10h-17h sept-juin, 10h-18h juil-août

DLR Cutty Sark, DLR Greenwich, Greenwich

Flamsteed House

En 1675, après avoir fait fermer l'observatoire de la Tour de Londres, Charles II commanda à Christopher Wren la construction de Flamsteed House, le bâtiment d'origine, sur les vestiges de Greenwich Castle. Aujourd'hui, cette demeure abrite la splendide **Octagon Room** et l'appartement assez modeste où vivaient l'astronome royal et sa famille. À l'étage inférieur, les remarquables **Time Galleries** permettent de comprendre comment le problème crucial du calcul de la longitude – la détermination exacte des coordonnées est-ouest d'un navire – fut résolu grâce à des outils astronomiques et à l'invention du chronomètre.

Meridian Courtyard

Dans la Meridian Courtyard, où le globe est séparé en est et ouest, les visiteurs s'amusent à chevaucher les deux hémisphères, en mettant un pied de chaque côté du méridien. Chaque jour à 13h, depuis 1833, la boule rouge du temps (appelée Time Ball), située en haut de l'Observatoire, tombe. On trouve également un télescope sur une plateforme offrant une superbe vue sur Londres et une carte indiquant ce que l'on voit.

Chambre noire

Installée dans un petit pavillon de brique près de la Meridian Courtyard, cette étonnante **salle** (Camera obscura, www.rmg.co.uk ; Greenwich Park ; ⌚10h-17h) projette sur une table une image en direct de la Queen's House – avec les passants et les bateaux sur la Tamise derrière. Deux couches d'épais rideaux permettent de garder l'obscurité ; refermez-les bien derrière vous pour que la salle soit aussi obscure que possible.

Weller Astronomy Galleries

La partie sud de l'Observatoire accueille un Centre astronomique (Weller Astronomy

★ À savoir

- Choisissez une journée ensoleillée pour profiter de la superbe vue sur Londres depuis l'observatoire.
- Des billets combinés et l'adhésion permettent d'économiser, consultez le site Internet.
- Visitez ensuite la Queen's House (p. 195) voisine, dotée du bel escalier Tulip Stairs et d'un superbe hall.

✕ Une petite pause ?

Le choix ne manque pas. Prenez un café à l'Astronomy Centre ou mangez un sandwich dans Greenwich Park.

Autrement, direction le **Goddards at Greenwich** (www.goddardsatgreenwich.co.uk ; 22 King William Walk, SE10 ; plats 3,30-7,30 £ ; ⌚10h-19h30 dim-jeu, jusqu'à 20h ven-sam) pour un *pie 'n' mash* ou le Greenwich Market (p. 197), non loin, pour grignoter.

Espaces accessibles gratuitement

Contrairement à la plupart des sites de Greenwich, l'observatoire royal comprend des sections gratuites (les Weller Astronomy Galleries) et payantes (Meridian Line, Flamsteed House et Camera Obscura).

Galleries), instructif et gratuit, où vous pourrez toucher du doigt un fragment de la **météorite de Gibeon**, vieille de 4,5 milliards d'années ! Vous découvrirez un orrery (ensemble mécanique représentant le système solaire, sans Uranus et Neptune qui n'avaient pas encore été découvertes) de 1780, des documentaires sur l'astronomie, une première édition du *Principia Mathematica* de Newton et pourrez voir la Voie lactée dans de multiples longueurs d'onde. C'est aussi là que se déroule l'exposition annuelle aux étonnantes images **Insight Astronomy Photographer of the Year**. Pour continuer l'observation des étoiles, procurez-vous un télescope Skyhawk à la boutique.

Peter Harrison Planetarium

L'ultramoderne Peter Harrison Planetarium – l'unique planétarium de Londres – peut projeter la voûte céleste entière au plafond. Il y a au moins cinq séances par jour. Réservation conseillée.

Greenwich Park

Longitude zéro

Le méridien de Greenwich fut désigné comme méridien d'origine mondial lors de la conférence internationale de Washington, D.C., en 1884 – remplaçant les divers méridiens qui existaient alors. Greenwich fut ainsi érigé en longitude zéro, norme de référence des fuseaux horaires. L'adoption par les États-Unis du Greenwich Mean Time (GMT) pour ses fuseaux horaires nationaux favorisa la candidature de Greenwich ; en outre, les cartes marines généralement employées dans les échanges mondiaux fixaient déjà Greenwich comme méridien d'origine.

Greenwich Park

C'est l'un des plus jolis espaces **verts** (www.royalparks.org.uk ; King George St, SE10 ; 6h-coucher du soleil ; Greenwich, Maze Hill, DLR Cutty Sark) de Londres, avec sa **roseraie**, ses allées pittoresques, ses tumuli anglo-saxons et son étonnante vue du sommet de la colline, près de la **statue du général Wolfe,** jusqu'à Canary Wharf – le quartier financier de l'autre côté de la Tamise. Couvrant 74 ha, le plus ancien parc royal clos est en partie l'œuvre d'André Le Nôtre, l'architecte paysager à l'origine des jardins de Versailles.

Le parc abrite un charmant **salon de thé** près de l'Observatoire royal, un café derrière le National Maritime Museum, un **parc de cervidés**, des courts de tennis au sud-ouest et un plan d'eau près de la **Queen's House** (www.rmg.co.uk/queens-house ; Romney Rd, SE10 ; entrée libre ; 10h-17h tlj ; DLR Cutty Sark). On trouve également la **Ranger's House** (Wernher Collection ; EH ; 020-8294 2548 ; www.english-heritage.org.uk ; Greenwich Park, Chesterfield Walk, SE10 ; adulte/enfant 9/5,40 £ ; visites guidées 11h30 et 14h dim-mer tard mars-sept) et une multitude de châtaigniers – allez-y en octobre pour ramasser les châtaignes.

Promenade à pied

Balade dans le Greenwich historique

Si l'Observatoire royal est incontournable, le quartier de Greenwich bordé par la Tamise réunit plusieurs autres points d'intérêt : le grandiose Old Royal Naval College, la magnifique Queen's House, un superbe clipper du XIXe siècle, une remarquable architecture religieuse, un marché historique, des pubs et un sentier au bord du fleuve.

Comment y aller

Prenez le DLR jusqu'à Cutty Sark ou Greenwich, ou le train jusqu'à Greenwich.

Les bateaux Thames Clippers desservent Greenwich et Royal Arsenal Woolwich depuis les quais du London Eye, d'Embankment et de Tower Millennium.

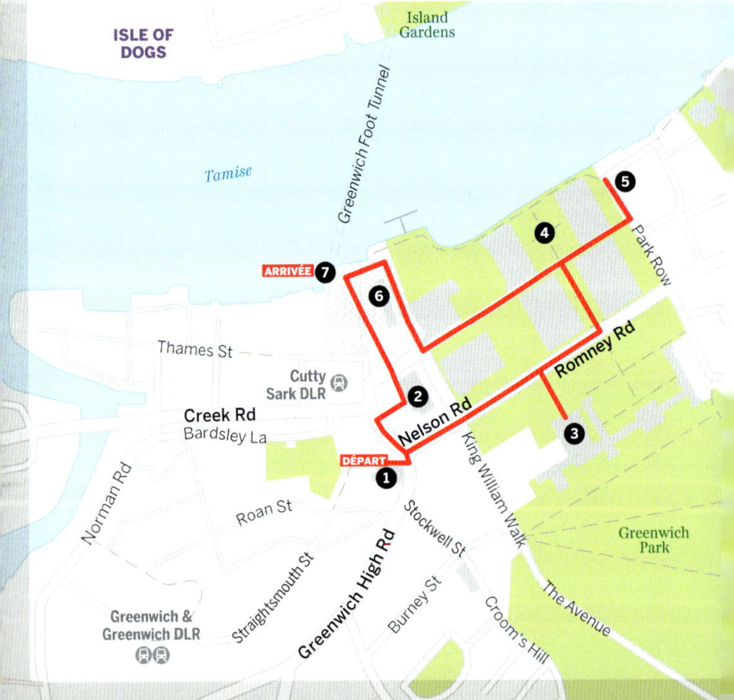

❶ St Alfege Church

Depuis la station DLR Greenwich & Greenwich, descendez Greenwich High Rd jusqu'à cette **église** (www.st-alfege.org ; 11h-16h lun-ven, 10h-16h sam, 12h-16h dim) de 1718, conçue par Nicholas Hawksmoor. Elle renferme une fresque murale restaurée de James Thornhill et un curieux clavecin dont les octaves centrales datent de l'époque Tudor. Concerts gratuits à 13h05 le jeudi et la plupart des samedis.

❷ Emplettes et en-cas dans Greenwich Market

Greenwich Market (10h-17h30), établi en 1737, se trouve de l'autre côté de la route. Grignotez vos en-cas après avoir flâné parmi les stands vendant artisanat, produits de beauté, bijoux main, vêtements tendance, objets anciens, etc. Consultez le site Internet pour connaître les ventes du jour.

❸ National Maritime Museum et Queen's House

Parcourez Nelson Rd jusqu'au **National Maritime Museum** (www.rmg.co.uk/national-maritime-museum ; entrée libre ; 10h-17h), l'un des remarquables sites de Greenwich. Après avoir découvert la collection, rejoignez l'édifice le plus élégant de Greenwich, la **Queen's House** (p. 195), récemment restaurée.

❹ Old Royal Naval College

Traversez Romney Rd en direction du remarquable **Old Royal Naval College** (www.ornc.org ; entrée libre ; 10h-17h, parc 8h-23h), le plus grand ensemble de bâtiments de Greenwich. La vue sur Canary Wharf est magnifique tout comme la **chapelle** et le **Painted Hall** (réouverture prévue mars 2019 ; consultez le site Internet).

❺ Une pinte à la Trafalgar Tavern

Sortez par l'East Gate et descendez Park Row jusqu'à ce merveilleux **pub** (www.trafalgartavern.co.uk ; 12h-23h lun-jeu, 12h-minuit ven, 10h-minuit sam, 10h-23h dim) au bord de l'eau dont les grandes fenêtres donnent sur la Tamise. Il fut fréquenté par Dickens (qui y situe la scène du petit-déjeuner de mariage dans *L'Ami commun*).

❻ Le *Cutty Sark*

Suivez le pittoresque sentier bordant le fleuve entre la Tamise et l'Old Royal Naval College jusqu'au **Cutty Sark** (www.rmg.co.uk/cuttysark ; King William Walk, SE10 ; adulte/enfant 12,15/6,30 £ ; 10h-17h tlj), le dernier grand clipper à avoir navigué entre la Chine et l'Angleterre au XIXe siècle.

❼ Traversée sous la Tamise

Descendez dans le tunnel piétonnier **Greenwich Foot Tunnel** (Cutty Sark Gardens, SE10 ; 24h/24 ; DLR Cutty Sark) qui passe sous la Tamise pour rejoindre l'Isle of Dogs et admirer Greenwich depuis la rive opposée.

Vaut le détour

Hampton Court Palace

Datant du XVIe siècle, c'est le plus spectaculaire des palais Tudor londoniens. Il accueille les somptueux appartements d'Henri VIII, de magnifiques jardins et un labyrinthe de couloirs vieux de 300 ans. Étape incontournable pour les passionnés d'histoire, la visite du palais fait une passionnante escapade : prévoyez suffisamment de temps (le trajet en bateau depuis le centre de Londres prend une demi-journée).

www.hrp.org.uk/hamptoncourtpalace

adulte/enfant/famille 19/10/34 £

10h-16h30 nov-mars, jusqu'à 18h avr-oct

Arrivée au palais

La magnifique porte principale conduit dans une première cour, **Base Court**, puis dans la deuxième, **Clock Court**, qui tire son nom de son horloge astrologique du XVIe siècle. Les salles lambrissées et portes voûtées de la **Young Henry VIII Exhibition**, à l'étage, constituent une belle introduction : remarquez l'inscription Tudor sur la cheminée. À côté de Base Court, à droite en entrant, la série de 9 tableaux d'Andrea Mantegna (acquise par Charles Ier en 1629), **Les Triomphes de César**, représente Jules César retournant à Rome dans une triomphale procession.

Appartements d'Henri VIII

L'escalier sous l'Anne Boleyn's Gateway mène aux appartements d'Henri VIII, qui renferment la sublime **Great Hall**. La **Horn Room**, décorée de formidables bois de cerfs, conduit à la **Great Watching Chamber**, où le roi recevait sous la surveillance des gardes.

Loge royale et couronne d'Henri VIII

La couronne d'Henri VIII, incrustée de pierres précieuses, a été recréée à l'identique – celle d'origine fut fondue par Oliver Cromwell. Elle est exposée dans la Royal Pew, loge royale (ouverte de 10h à 16h du lundi au samedi et de 12h30 à 13h30 le dimanche) qui domine la **chapelle royale** (toujours lieu de culte 450 ans plus tard).

Cuisines Tudor et Great Wine Cellar

Les charmantes cuisines Tudor, également de l'époque d'Henri VIII, préparaient autrefois des repas pour une maison royale de quelque 1 200 personnes. La Great Wine Cellar (grande cave à vins), où l'on entreposait les 300 tonneaux de bière – et autant de vin – consommés annuellement au milieu du XVIe siècle, vaut également le coup d'œil.

★ À savoir

- Consultez le site Internet pour connaître les activités proposées lors de votre visite.
- Hampton Court jouxte Bushy Park, un espace semi-sauvage de 445 ha peuplé de cerfs et de daims.

Une petite pause ?

Le palais abrite trois cafés : le **Tiltyard Cafe**, le **Privy Kitchen** et le **Fountain Court Cafe**. Les jardins sont immenses, s'il fait beau, emportez un pique-nique à déguster sur l'herbe.

Comment y aller

Hampton Court Palace est à une heure au sud-ouest du centre de Londres.

Lignes régulières de Waterloo à Hampton Court, via Wimbledon Station.

Comptez environ 4 heures en bateau depuis Westminster Pier.

Cumberland Art Gallery

Restaurée, la Cumberland Suite, près de la Clock Court, abrite une impressionnante collection d'œuvres d'art tirées de la collection royale, dont l'*Autoportrait au chapeau plat* (1642) de Rembrandt et *Charles Ier à cheval* (env. 1635-1636) de sir Anthony Van Dyck.

Appartements de Guillaume III et Marie II

La visite des appartements de Guillaume III, achevés par Wren en 1702, vous conduira jusqu'au majestueux **King's Staircase**. Contemplez la **King's Presence Chamber**, dominée par un trône installé devant des tentures. La **King's Great Bed-chamber**, au lit coiffé de plumes d'autruche, et le **King's Closet**, au "trône" en velours, valent aussi le détour. Rouvertes en 2014 après restauration, les inimitables **Chocolate Kitchens** furent construites pour Guillaume III et Marie II vers 1689.

Marie II, l'épouse de Guillaume III, avait ses propres appartements, auxquels on accède par le fabuleux **Queen's Staircase** (escalier décoré par William Kent).

Salles georgiennes

Les Georgian Rooms accueillirent George II et la reine Caroline lors de leur dernière visite royale en 1737. Admirez le **Wolsey Closet**, de style Tudor, avec son plafond et ses panneaux peints du début du XVIe siècle, réalisés à la demande d'Henri VIII.

Cuisine, Hampton Court Palace

Événements et activités

Consultez le programme des spectacles et événements : joutes Tudor, fauconnerie, chasse aux fantômes (pour enfants), aventures dans le jardin et parcours familiaux. En été, d'amusantes **visites en char à bancs** (15 à 20 minutes, adulte/enfant 6/3 £) tiré par des chevaux de trait partent de l'East Front Garden entre 11h et 17h. Le Luna Cinema (www.thelunacinema.com) propose des films en plein air en été. De fin novembre à mi-janvier, vous pouvez profiter de la patinoire du palais.

Cartoon Gallery

La Cartoon Gallery renfermait les Cartons de Raphael (désormais au V&A Museum). Aujourd'hui, elle abrite des copies du XVIIe siècle.

Jardins et labyrinthe

Le palais est entouré de sublimes jardins. Ne manquez pas le **Real Tennis Court** (court de tennis) des années 1620. Créé à l'origine pour Guillaume et Marie, le **Kitchen Garden** (potager) est une magnifique reconstitution.

Ne partez pas sans vous perdre dans le **labyrinthe long de 800 m** (🕘10h-17h15 avr-oct, jusqu'à 15h45 nov-mars ; adulte/enfant/famille 4,20/2,60/12,30 £), également accessible sans visiter le palais.

AUBAINE

Carnet pratique

Covent Garden Market (p. 74) FRANCISCO MARTIN GONZALEZ/PABKOV/500PX ©

Avant de partir

Hébergement

- Nous conseillons les environs de la National Gallery et de Covent Garden, Kensington, Saint-Paul et la City, et South Bank.
- La catégorie des B&B (*Bed and Breakfast*), située un cran sous les hôtels, offre pourtant plus de cachet et un service personnalisé.
- Londres possède de bons hôtels, mais ils affichent souvent complet tant la demande est grande : mieux vaut réserver bien à l'avance, en particulier pendant les vacances et en été.
- À moins de 100 £ par nuit, on ne trouve presque que des B&B et des auberges de jeunesse, mais certains hôtels de catégorie supérieure proposent des prix abordables le week-end.
- Pour une semaine ou plus à Londres, les locations de courte durée et les résidences hôtelières sont plus économiques et permettent de vivre en vrai Londonien.

Sites Internet

Visit London (www.visitlondon.com). Vaste liste sur le portail touristique officiel de la ville.

London Town (www.londontown.com). Excellentes offres de dernière minute dans les boutiques-hôtels et B&B.

Alastair Sawdays (www.sawdays.co.uk). Choix minutieux d'hébergements dans la capitale.

Lonely Planet (www.lonelyplanet.com/london). Des centaines de propositions.

Petits budgets

YHA London Oxford Street (www.yha.org.uk/hostel/london-oxford-street). Auberge de jeunesse à l'emplacement central avec sdb partagées.

Londres

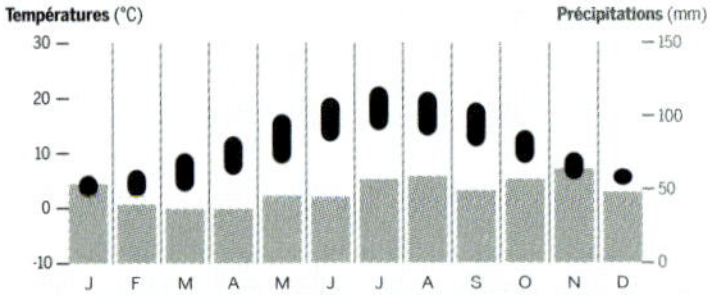

Quand partir

Hiver (déc-fév)
Journées courtes et froides, pluie et parfois neige. Musées et sites touristiques moins bondés.

Printemps (mars-mai)
Temps frais et humide. Les foules commencent à affluer. Les parcs fleurissent.

Été (juin-août)
Temps doux à chaud, longues journées ensoleillées. Vacances et saison touristique coïncident. Parcs splendides.

Automne (sept-nov)
Belle saison fraîche, souvent ensoleillée. Après la rentrée scolaire, Londres est plus paisible.

Qbic (www.qbichotels.com). Petites chambres bien conçues au prix très avantageux si vous réservez assez tôt.

Clink78 (www.clinkhostels.com/london/clink78). Auberge de jeunesse historique dans un ancien tribunal.

Catégorie moyenne

citizenM Tower of London (www.citizenm.com). Chambres petites mais parfaitement conçues, certaines avec une superbe vue.

Hoxton Hotel (www.thehoxton.com). Rapport qualité/prix remarquable pour l'emplacement et le design.

40 Winks (www.40winks.org). B&B de charme dans l'East End.

Barclay House (www.barclayhouselondon.com). Tout y est.

Catégorie supérieure

Hazlitt's (www.hazlittshotel.com). L'élégance d'antan et un superbe emplacement.

South Place (www.southplacehotel.com). Boutique-hôtel artistique à la lisière de la City.

Knightsbridge Hotel (www.firmdalehotels.com/hotels/london/knightsbridge-hotel). Élégantes chambres dans une demeure vieille de 200 ans.

Corinthia (www.corinthia.com). Joyau victorien.

Arriver à Londres

Aéroport de Heathrow

À environ 24 km à l'ouest du centre de Londres, Heathrow (LHR ; www.heathrowairport.com) est l'un des aéroports internationaux les plus fréquentés du monde. Il compte quatre terminaux (numérotés de 2 à 5), dont le terminal 2 réaménagé. C'est le principal aéroport de Grande-Bretagne pour les vols internationaux.

Métro Trois stations de la Piccadilly Line desservent Heathrow : l'une dessert les terminaux 2 et 3, une autre le terminal 4, et le terminus conduit au terminal 5. Le métro (*tube*) est le moyen le plus économique de se rendre à Heathrow. Un ticket aller coûte 6 £, comptez 5,10/3,10 £ avec l'Oyster ou une carte sans contact en période de pointe/hors période de pointe. Le trajet jusqu'au centre de Londres dure une heure. Les trains circulent toutes les 3 à 9 minutes, de 5h à peu après minuit (23h28 le dimanche) en direction de l'aéroport, de 5h09 à 23h54 (23h le dimanche) dans l'autre sens, et toute la nuit les vendredis et samedis, à une fréquence réduite. Les tickets sont en vente dans la station.

Train Les trains Heathrow Express, toutes les 15 minutes, et Heathrow Connect, toutes les 30 minutes, relient Heathrow à la gare de Paddington. Les trains Heathrow Express s'y rendent en 15 minutes. Les premiers trains partent vers 5h et le dernier entre 23h et minuit.

Bus Les bus (aller à partir de 6 £, 35 à

90 minutes, toutes les 30 minutes à 1 heure) National Express (www.nationalexpress.com) relient la gare routière Heathrow Central à celle de London Victoria. Le premier bus part de Heathrow Central (aux terminaux 2 et 3) à 4h20, le dernier juste après 22h. De Victoria, le premier bus part à 3h, le dernier vers 0h30. Le bus de nuit N9 (1,50 £, 1h15, toutes les 20 min) relie la gare routière Heathrow Central (et le terminal 5 de Heathrow) au centre de Londres et a pour terminus Aldwych.

Taxi Comptez entre 46 et 87 £ et de 45 minutes à 1h en *black cab* avec compteur vers/depuis le centre de Londres.

Aéroport de Gatwick

Situé à 48 km au sud du centre de Londres, Gatwick (LGW ; www.gatwickairport.com) est le deuxième aéroport de Grande-Bretagne pour les vols internationaux. Un train relie les terminaux nord et sud 24h/24 en 3 minutes environ.

Train National Rail (www.nationalrail.co.uk) assure des liaisons régulières vers/depuis London Bridge (30 min, toutes les 15 à 30 min), London King's Cross (55 minutes, toutes les 15 à 30 min) et London Victoria (30 min, toutes les 10 à 15 min). Les tarifs dépendent de l'heure et de la compagnie, de 10 à 20 £ l'aller.

- Les trains Gatwick Express circulent toutes les 15 minutes entre la gare proche du terminal sud de Gatwick et London Victoria. Depuis l'aéroport, les trains circulent entre 5h45 et 0h20. Depuis Victoria, ils partent entre 5h et 23h30. Le trajet dure 30 minutes.

Bus Les bus National Express (www.nationalexpress.com) circulent jour et nuit de Gatwick à la gare routière London Victoria (à partir de 8 £/aller). Le temps de trajet est de 1h20 à 2h.

- Les minibus EasyBus (www.easybus.co.uk) pour Gatwick partent toutes les 15 à 20 minutes sur plusieurs itinéraires, notamment d'Earl's Court/West Brompton et de la gare routière Victoria (à partir de 1,95 £/aller). Service jour et nuit. Le trajet dure environ 1h15.

Taxi En *black cab* avec compteur vers/depuis le centre de Londres, comptez environ 100 £ et un peu plus d'une heure. Les *minicabs* sont généralement moins chers.

Aéroport de Stansted

Stansted (STN ; www.stanstedairport.com) est à 56 km au nord-est du centre de Londres. Aéroport international, Stansted dessert une multitude de destinations, principalement européennes, et accueille surtout des compagnies low-cost comme Ryanair.

Train Les trains (45 min, toutes les 15 à 30 min) Stansted Express (www.stanstedexpress.com) relient l'aéroport et la gare de Liverpool St, de 5h30 à 0h30 au départ de l'aéroport et de 3h40 à 23h25 depuis la gare de Liverpool St.

Bus Les bus National Express (www.

nationalexpress.com) circulent jour et nuit, avec une centaine de services quotidiens.

- L'Airbus A6 conduit à la gare routière de Victoria (1h à 1h30, toutes les 20 min) en passant par Marble Arch, Paddington, Baker St et Golders Green. L'Airbus A7 dessert aussi la gare routière de Victoria (1h à 1h30, toutes les 20 min), en passant par Waterloo et Southwark. L'Airbus A8 conduit à la gare de Liverpool St (à partir de 6 £/aller, 1h à 1h20, toutes les 30 min), via Bethnal Green, Shoreditch High St et Mile End.
- Stansted City Link 767 dessert London King's Cross (1h15) toutes les 30 minutes.
- L'Airport Bus Express circule toutes les 30 minutes vers London Bridge, la gare routière de Victoria, Liverpool Street et Stratford.
- EasyBus (www.easybus.co.uk) propose des liaisons vers les stations de métro Baker St et Old St toutes les 15 minutes. Le trajet (à partir de 4,95 £/aller) dure 1h depuis Old St, 1h15 depuis Baker St.
- Les bus Terravision (www.terravision.eu) relient Stansted à la gare ferroviaire de Liverpool St (à partir de 9 £/aller, 55 min), King's Cross (à partir de 9 £, 1h15) et la gare routière de Victoria (à partir de 10 £, 2h) toutes les 20 à 40 minutes, de 6h à 1h. Wi-Fi à bord.

Taxi En *black cab* avec compteur vers/depuis le centre de Londres, comptez environ 130 £. Les *minicabs* sont moins chers.

Gare St Pancras International

Le train à grande vitesse **Eurostar** (www.eurostar.com) relie la gare St Pancras International à Paris, Bruxelles et Lille. Jusqu'à 19 départs quotidiens. Les tarifs sont très variables, allant de 29 £ l'aller classique à environ 245 £ l'aller pour un billet totalement flexible en business premier (tarifs sur la base d'un aller-retour). Eurostar Snap propose des promotions, avec des tarifs plus avantageux si l'on fait preuve de souplesse.

Comment circuler

Les transports londoniens sont pratiques mais chers. Gérés par Transport for London (www.tfl.gov.uk), ils disposent d'un excellent site multilingue avec état de la circulation, calculateur d'itinéraires, cartes et renseignements sur tous les moyens de transport. L'Oyster Card est le moyen le plus économique de circuler sur le réseau. Les moins de 11 ans voyagent gratuitement.

Métro, DLR et Overground

Le **London Underground** (*the tube* ; métro doté de 11 lignes de couleurs différentes) fait partie d'un réseau qui comprend aussi le Docklands Light Railway (DLR ; www.tfl.gov.uk/dlr ; un train aérien automatique qui dessert l'est de la ville) et le réseau Overground (principalement en

L'Oyster Card

L'Oyster Card est une carte à puce sur laquelle on peut stocker du crédit pour des tickets "prépayés", ainsi que des Travelcards (forfaits) valables pour des périodes allant d'un jour à un an. L'Oyster Card est valable sur tout le réseau de transport public londonien.

Il suffit de la passer devant un lecteur (portant un cercle jaune avec l'image d'une Oyster Card) en entrant dans la station et en sortant. La somme correspondante sera déduite de la carte. Dans le bus, il faut le faire en montant à bord. Notez que certaines gares ne sont pas équipées de tourniquet à la sortie, n'oubliez pas de passer la carte devant le lecteur avant de quitter la gare sous peine d'être surfacturé.

Les détenteurs de l'Oyster Card bénéficient de tarifs avantageux. Si vous effectuez de nombreux trajets dans la journée, vous ne paierez jamais plus que la Travelcard correspondante (heures de pointe ou heures creuses) une fois le "prix plafond" quotidien atteint.

L'Oyster Card s'achète (caution 5 £) et se recharge dans toutes les stations de métro, les centres d'information touristique et les boutiques affichant le logo Oyster. Pour récupérer la caution et le crédit restant, il suffit de restituer l'Oyster Card à un guichet.

Les cartes sans contact (ne nécessitant ni puce, ni code PIN, ni signature) peuvent désormais être utilisées directement sur les lecteurs Oyster Card et sont soumises aux mêmes tarifs. L'avantage est qu'il n'est plus nécessaire d'acheter, de recharger puis de restituer l'Oyster Card, mais les visiteurs étrangers devront se renseigner sur les frais de transactions.

dehors de la Zone 1 et parfois souterrain).

C'est le moyen le plus rapide et le plus simple de se déplacer en ville, mais il est onéreux. Il revient toujours moins cher de voyager avec une Oyster Card ou une carte sans contact qu'avec un ticket.

Les premiers trains partent vers 5h30 du lundi au samedi, et vers 6h45 le dimanche. Les derniers partent vers 0h30 du lundi au samedi, et vers 23h30 le dimanche.

Certaines lignes (Victoria et Jubilee, ainsi qu'une grande partie des lignes Piccadilly, Central et Northern) assurent un service de nuit *Night Tube* les vendredis et samedis, avec des trains toutes les 10 minutes environ. Londres est divisée en 9 zones tarifaires.

Bus

- Les bus à impériale rouges permettent d'admirer la ville.
- D'excellents plans à tous les arrêts détaillent les itinéraires et les destinations desservies

depuis le secteur où vous vous trouvez.

- De nombreux arrêts possèdent un affichage LED indiquant l'heure d'arrivée des bus, mais on vous conseille de télécharger une application telle que London Bus Live Countdown.

- Les espèces n'ont pas cours dans les bus londoniens. Le paiement se fait au moyen d'une Oyster Card, d'une Travelcard ou d'une carte sans contact. Billet simple : 1,50 £.

- Les lignes circulent de 5h à 23h30.

- Plus de 50 lignes de bus de nuit (précédées de la lettre "N") circulent entre 23h et 5h. Oxford Circus, Tottenham Court Rd et Trafalgar Sq sont les principaux centres des lignes nocturnes.

- Une soixantaine d'autres lignes fonctionnent 24h/24 ; leur fréquence est réduite entre 23h et 5h.

- Les moins de 11 ans voyagent gratuitement ; les 11-15 ans bénéficient du demi-tarif s'ils figurent sur l'Oyster Card (enregistrement en Zone 1 ou dans les stations de métro de Heathrow) d'un adulte accompagnateur.

Vélo

Santander Cycles (☎0343 222 6666 ; www.tfl.gov.uk/modes/cycling/santander-cycles) très utiles pour les visiteurs.

- Retirez et déposez votre vélo dans l'une des 750 stations réparties dans la capitale.

- 2 £ pour 24 heures, à régler par carte bancaire à la station de retrait.

- Les 30 premières minutes sont gratuites, après quoi il vous en coûtera 2 £ pour toute tranche de 30 minutes.

- Vous pouvez emprunter autant de vélos que vous le souhaitez durant votre créneau de 24 heures, à condition de patienter 5 min entre deux trajets.

- Si la station est pleine, consultez la borne pour connaître les stations libres des environs. Il faut avoir plus de 14 ans pour utiliser ces vélos.

Taxi

- Les *black cabs* signalent leur disponibilité par une lumière jaune au-dessus du pare-brise.

- Un compteur indique le tarif, avec une prise en charge à 2,60 £, couvrant les 248 premiers mètres en semaine. Au-delà, ajoutez 20 p tous les 124 m.

- Les courses sont plus chères le soir et la nuit.

- Vous pouvez laisser jusqu'à 10% de pourboire au chauffeur, mais la plupart des Londoniens arrondissent simplement à la livre supérieure.

- Avec une application telle que mytaxi (https://uk.mytaxi.com/hailo), votre téléphone repère par GPS le *black cab* le plus proche. Vous ne paierez que le prix au compteur.

- ComCab (www.comcab-london.co.uk) gère l'une des plus grandes flottes de *black cabs* de la ville.

- Les *minicabs* sont les concurrents généralement moins chers des *black cabs*. Ils se réservent par téléphone ou dans leurs bureaux.

- Ces *minicabs* n'ont pas de compteur ; le tarif est indiqué par l'opérateur. Demandez-le avant le départ.

- Des applications telles que Kabbee permettent de réserver un *minicab* très rapidement et d'économiser.

Bateau

- **Thames Clippers** (www.thamesclippers.com). Ces bateaux circulent régulièrement entre Embankment, Waterloo (London Eye), Blackfriars, Bankside (Shakespeare's Globe), London Bridge, Tower Bridge, Canary Wharf, Greenwich, North Greenwich et Woolwich (toutes zones adulte/enfant 9/4,50 £), de 6h55 à minuit environ (à partir de 9h29 le week-end).

- **Westminster Passenger Services Association** (www.wpsa.co.uk). D'avril à septembre, ces bateaux naviguent de Westminster Pier, dans le centre de Londres, à Hampton Court Palace (via Kew et Richmond).

- **London Waterbus Company** (www.londonwaterbus.com) assure des liaisons sur le canal entre Camden Lock et Little Venice.

Voiture et moto

- Le coût élevé du stationnement, les embouteillages, le prix de l'essence et le zèle des agents de la circulation découragent en général les visiteurs de louer une voiture.

- Attention à la "taxe d'embouteillage" de 11,50 £/jour dans le centre de Londres. Pour plus de détails, consultez www.tfl.gov.uk/roadusers/congestioncharging.

- **Avis** (www.avis.co.uk), **Hertz** (www.hertz.com) et **easyCar** (www.easycar.com) possèdent plusieurs guichets de location dans la capitale.

- L'utilisation du portable au volant, pour téléphoner ou envoyer un sms, est illégale (le kit main libre pour appeler est autorisé).

- La conduite se fait à gauche.

- Le port de la ceinture est obligatoire pour le conducteur et les passagers, tout comme celui du casque à moto.

Infos pratiques

Argent

- La monnaie du Royaume-Uni est la livre sterling (£).
- Une livre sterling comprend 100 pence (prononcez "p", à l'anglaise).
- Il existe des billets de 5 £, 10 £, 20 £ et 50 £, et des pièces de 1 p, 2 p, 5 p, 10 p, 20 p, 50 p, 1 £ et 2 £.

Distributeurs automatiques de billets (DAB)

- On trouve partout des distributeurs de billets acceptant les cartes Visa, MasterCard, Cirrus ou Maestro, et quelques autres moins connues. Les retraits d'espèces avec une carte étrangère entraînent des frais.
- Certains magasins sont équipés de distributeurs qui prélèvent entre 1,50 à 2 £ par transaction (un tarif particulièrement prohibitif pour les clients de banques étrangères) :

évitez-les. Ils portent la mention "Free cash withdrawals".

- Avec une carte de débit, on peut bénéficier du système "cash back" dans les supermarchés, c'est-à-dire "retirer" de l'argent à la caisse au moment de payer ses achats (par exemple pour des courses de 10 £, on paie 30 £ et la caissière nous donne 20 £ en liquide).

Cartes bancaires

- Restaurants, bars, boutiques et même certains taxis... Les cartes bancaires sont acceptées presque partout à Londres.
- Les cartes Visa et MasterCard sont plus communément acceptées qu'American Express et Diner's Club.
- Les cartes et paiements sans contact sont de plus en plus répandus (repérez le symbole semblable à celui du Wi-Fi sur les cartes, dans les boutiques, taxis, bus, métro, trains et autres transports). Les transactions sont plafonnées à un montant de 30 £.

Change

Les bureaux de poste locaux sont le meilleur endroit où changer de l'argent : ils ne prélèvent aucune commission.

On peut aussi s'adresser à la plupart des grandes banques, les chaînes d'agences de voyages et les nombreux agents de change de la ville.

Pourboire

- Au restaurant, le service est souvent inclus d'office dans l'addition – l'initiative est légale mais doit être clairement indiquée. Si le service n'est pas compris, il est d'usage de laisser un pourboire de 10 à 15% (sauf si vous n'êtes pas satisfait).
- Inutile de laisser un pourboire quand on prend une bière ou un verre de vin dans un pub.

Cartes de réduction

- Rentable pour ceux qui veulent visiter un maximum de sites en peu de temps, le **London Pass** (www.londonpass.com ; 1/2/3/6/10 jours 62/85/101/139/169 £) est un forfait coupe-file pour la plupart des grandes attractions. Détails sur le site Internet.
- En option, ce forfait peut comprendre l'accès au réseau de métro et de bus.

Désagréments et dangers

- Londres est une ville plutôt sûre, il suffit de faire preuve de bon sens.

Électricité

Type G
230 V/50 Hz

Handicapés

- Pour les voyageurs à mobilité réduite, Londres mêle curieusement facilité d'utilisation et total désintérêt. La loi oblige les nouveaux hôtels et les sites touristiques modernes à être accessibles aux fauteuils roulants, mais de nombreux édifices historiques, B&B et pensions occupent des bâtiments anciens dont l'équipement est difficile ou très coûteux. Les visiteurs dotés d'un handicap visuel, auditif ou cognitif ne trouveront pas forcément les installations adaptées.

- Les choses s'améliorent depuis les jeux Olympiques et Paralympiques de 2012 et grâce à un comité du tourisme tourné vers l'avenir à VisitEngland.
- Près d'un quart des stations de métro, la moitié des stations de l'Overground, la plupart des quais, tous les arrêts de tramway, l'Emirates Air Line (téléphérique) et toutes les stations du DLR disposent d'un accès handicapés.
- Les bus à l'arrêt peuvent être abaissés au niveau de la rue et les usagers en fauteuil roulant voyagent gratuitement.
- Tous les *black cabs* sont accessibles en fauteuil ; cependant, l'espace étant restreint, la hauteur est parfois insuffisante pour les fauteuils électriques.
- Les chiens d'aveugle sont acceptés dans les transports publics et les hôtels, restaurants, sites, etc.

Heures d'ouverture

Banques 9h-17h lun-ven

Lieux touristiques 10h-18h

Magasins 9h-19h lun-sam, 12h-18h dim

Poste 9h-17h30 lun-ven et 9h-12h sam

Pubs et bars 11h-23h (beaucoup ferment plus tard)

Restaurants 12h-14h30 et 18h-23h

Jours fériés

Nouvel An 1er janvier

Vendredi saint Fin mars/avril

Lundi de Pâques Fin mars/avril

May Day Holiday Premier lundi de mai

Spring Bank Holiday Dernier lundi de mai

Summer Bank Holiday Dernier lundi d'août

Noël 25 décembre

Boxing Day 26 décembre

Offices du tourisme

Visit London (www.visitlondon.com) peut vous renseigner sur tout : sites, événements, visites, hébergements, etc. Les kiosques disséminés dans la ville fournissent plans et brochures ; certains peuvent réserver des places de théâtre.

Heathrow Airport Tourist Information Centre (www.visitlondon.com/tag/tourist-information-centre ; hall des stations de métro des terminaux 1, 2 et 3 ; 7h30-20h30). Renseignements sur le transport, l'hébergement, les visites, etc. Vend Oyster cards, Travelcards et forfaits de bus.

Autres offices du tourisme : gare de King's Cross St Pancras, gare de Liverpool Street, station de métro Piccadilly Circus, la City, Greenwich et gare de Victoria.

Téléphone

- Quelques cabines publiques de British Telecom (BT) prennent encore les pièces, mais la plupart n'acceptent que les cartes de téléphone (en vente dans les commerces, les bureaux de poste et chez les marchands de journaux) et cartes de crédit.

- Les célèbres cabines téléphoniques rouges de British Telecom subsistent uniquement dans les zones classées (notamment Westminster).

Appeler Londres

- Composez l'indicatif de Londres, le 020, suivi du numéro à huit chiffres commençant par 7 (centre de Londres), 8 (agglomération de Londres) ou 3 (non géographique). Composez le 020 uniquement si vous appelez Londres depuis un autre endroit au Royaume-Uni ou depuis un téléphone portable. Pour appeler Londres depuis l'étranger, composez le code d'accès international de votre pays (généralement le 00, mais 011 au Canada et aux États-Unis), puis le 44 (indicatif du Royaume-Uni), puis le 20 (sans le 0 initial), suivi du numéro à 8 chiffres.

Appels internationaux

- La plupart des appels vers l'étranger peuvent être passés des cabines téléphoniques.
- Les cartes téléphoniques internationales (généralement 5, 10 ou 20 £) à code PIN, utilisables depuis n'importe quel téléphone en composant un numéro d'accès, sont généralement le moyen le plus économique pour appeler l'étranger. Ces cartes sont vendues dans la plupart des épiceries.
- L'utilisation de Skype ou WhatsApp peut être restreinte dans certaines auberges de jeunesse en raison du bruit et/ou de problèmes de débit.

Téléphones portables

- Le Royaume-Uni passe par le réseau GSM 900, qui couvre le reste de l'Europe, l'Australie et la Nouvelle-Zélande, mais n'est pas compatible avec la technologie CDMA en vigueur aux États-Unis et au Japon.
- Si vous avez un téléphone GSM, vérifiez auprès de votre fournisseur si vous pouvez l'utiliser au Royaume-Uni et renseignez-vous sur les frais d'itinérance.
- En général, mieux vaut acheter une carte SIM locale dans une boutique de téléphonie mobile, mais pensez au préalable à débloquer votre téléphone.

Urgences

Police, pompiers, ambulances ☎ 999

Visas

Les citoyens de l'Union européenne et de Suisse n'ont pas besoin de visa et peuvent séjourner sans limitation de durée au Royaume-Uni avec une carte d'identité en cours de validité.

- Les Canadiens peuvent séjourner jusqu'à six mois sans visa (ils reçoivent, lors de leur arrivée sur le territoire britannique, une "autorisation d'entrée") avec un passeport valable au moins six mois après la date d'entrée dans le pays.

Langue

Tout le monde peut parler une langue étrangère, le tout est d'oser. La grammaire, au final, n'est pas essentielle pour se débrouiller sur place. Pour réserver une chambre, commander un plat ou simplement engager la conversation, voici quelques phrases basiques qui vous aideront à ne pas rester muet en toutes circonstances !

Expressions courantes

Bonjour/salut.
Hello/Hi. — hè·lo/haï

Au revoir.
Goodbye. — goud·*baï*

Excuse(z)-moi.
Excuse me. — ek·*skyouz* mi

Désolé(e).
Sorry. — *so*·ri

S'il vous (te) plaît.
Please. — pliiz

Merci.
Thank you. — *Sank* you

Oui./Non.
Yes./No. — yès/neo

Parlez-vous français ?
Do you speak french? — dou you spik frènn·ch

Je ne comprends pas.
I don't understand. — aï *dont* eunn·deur·*stand*

Comment allez-vous/vas-tu ?
How are you? — *hao* âr you

Bien. Et vous/toi ?
Fine. And you? — faïnn annd *you*

Au restaurant

Je suis végétarien(ne).
I'm vegetarian. — aïm vèdjè·*teu*·rieunn

Santé !
Cheers! — tch*iirz*

C'était délicieux !
That was delicious! — zat woz dè·*li*·cheus

L'addition s'il vous plaît.
The bill, please. — zeu bil pliiz

Je voudrais... , s'il vous plaît.
I'd like..., please. aïd *laïk*... pliiz

une table pour (deux)	*a table for (two)*	eu *téï*·beul for (tou)
ce plat	*that dish*	zat *dich*
la carte des vins	*the wine liste*	zeu *waïnn* list

Shopping

Je cherche...
I'm looking for... — aïm *lou*·kiinng for...

Combien est-ce que ça coûte ?
How much is it? — *hao* meutch iz it

C'est trop cher.
That's too expensive. — zats *tou* èx·*pènn*·siv

Pouvez-vous baisser le prix ?
Can you lower the price? — kann you lao·wèr zeu *praïs*

Urgences

Au secours !
Help! — hèlp

Appelez un médecin !
Call a doctor! — kôl eu *dok*·teur

Appelez la police !
Call the police! — kôl zeu po·*liis*

Je suis perdu(e).
I'm lost. aïm lost

Je suis malade.
I'm sick. aïm sik

Où sont les toilettes ?
Where's the bathroom? wèrz zeu *bass*·roum

Heure et chiffres

Quelle heure est-il ?
What time is it? wat *taïm* iz it

Il est (1/13) heure(s).
It's (one am/pm) o'clock. its (wann èï·èm/pi·èm) ok·*lok*

matin	*morning*	*mor*·ninng
après-midi	*afternoon*	af·teur·*noun*
soir	*evening*	*iv*·ninng
hier	*yesterday*	*yès*·teu·dèï
aujourd'hui	*today*	tou·*dèï*
demain	*tomorrow*	tou·*mo*·ro

1	*one*	wann
2	*two*	tou
3	*three*	srii
4	*four*	fôr
5	*five*	faïv
6	*six*	six
7	*seven*	*sè*·veunn
8	*eight*	eït
9	*nine*	naïnn
10	*ten*	tèn

Transports et orientation

Où est... ?
Where's...? wèrz...

Quelle est l'adresse ?
What's the adress? wats zi a·*drès*

Pouvez-vous me montrer (sur la carte) ?
Can you show me (on the map)? kann you *chô* mi (onn zeu *map*)

Un billet pour... , s'il vous plaît.
One ticket for... please. wann *ti*·kèt for... pliiz

À quelle heure part le bus/le train ?
What time does the bus/train leave? wat *taïm* daz zeu beus/tréïn liiv

Je voudrais un taxi.
I'd like a taxi. aïd laïk eu *tak*·si

Ce taxi est-il libre ?
Is this taxi free? iz zis *tak*·si frii

Arrêtez-vous ici, s'il vous plaît.
Please stop here. pliiz stop hiir

Hébergement

Où puis-je trouver un hôtel ?
Where's a hotel? wèrz eu ho·*tèl*

Je voudrais réserver une chambre.
I'd like to book a room. aïd laïk tou bouk eu *roum*

J'ai une réservation.
I have a reservation. aï hav eu rè·zèr·*véï*·cheunn

En coulisses

Vos réactions ?

Vos commentaires nous sont très précieux pour améliorer nos guides. Notre équipe lit vos lettres avec la plus grande attention et prend en compte vos remarques pour les prochaines mises à jour. Pour nous faire part de vos réactions, prendre connaissance de notre catalogue et vous abonner à notre newsletter, consultez notre site Internet : **www.lonelyplanet.fr**

Nous reprenons parfois des extraits de notre courrier pour les publier dans nos guides ou sites Web. Si vous ne souhaitez pas que vos commentaires soient repris ou que votre nom apparaisse, merci de nous le préciser. Notre politique en matière de confidentialité est disponible sur notre site Internet.

Damian

Merci beaucoup à Ann Harper, Jasmin Tonge, Kevin et Maki Fallows, Rosemary Hadow, Lily Greensmith, Antonia Mavromatidou, Arabella Sneddon, Bill Moran, Jim Peake, mes coauteurs, et toute ma gratitude à Daisy, Tim et Emma.

Peter

Faire des recherches à Londres est toujours un plaisir, notamment grâce à la compagnie de formidables amis et des auteurs et réviseurs de Lonely Planet à Londres. Un merci particulier à Kurt Crommelin, Rob Carpenter, Tim Benzie, Paul Joseph, Marcus O'Donnell, Suzannah et Oliver de Montfort, Damian Harper, Emilie Filou, Steve Fallon, Tasmin Waby, Brana Vladisavljevic, Anna Tyler et James Smart pour votre compagnie et vos encouragements.

Steve

Mille mercis aux coauteurs Émilie Filou, Damian Harper et Peter Dragicevich pour leurs conseils et suggestions. Les Blue Badge Tourist Guides (trop nombreux pour être nommés) ont aussi été d'une grande aide, notamment Lia Lalli. Comme toujours, j'aimerais faire part de mon admiration, ma gratitude et mon amour à mon compagnon, Michael Rothschild, en particulier cette année où nous célébrons notre mariage.

Émilie

Un grand merci à mes amis Catherine, Philippe, Kathleen et Nikki qui m'ont accompagnée pendant mes recherches et les ont rendues si agréables. Merci à mes coauteurs Steve, Damian et Peter pour le partage d'informations sur la destination. Enfin, merci à mon merveilleux mari, Adolfo, de s'être joint à moi quand il le pouvait, et à notre seule et unique Miss Dynamite, Sasha, de me rappeler que la vie est faite de plaisirs simples.

Crédits photographiques

Photographie de couverture : Palais de Westminster, Houses of Parliament et Big Ben, Olimpio Fantuz/4Corners ©
Photographies p. 38-39 (de gauche à droite) : alice-photo ; Alexey Fedorenko ; IR Stone / Shutterstock © ; Pitfield Street, Hoxton, *Art Thief* by STIK, Andy Kirby, mrkirby / 500px ©

À propos de cet ouvrage

Cette 6ᵉ édition de *Londres En quelques jours* est une traduction-adaptation de *Pocket London* (6th edition), coordonnée par Damian Harper et rédigée par lui-même, Peter Dragicevich, Steve Fallon et Émilie Filou. Damian, Peter, Steve et Émilie avaient également rédigé l'édition précédente.

Traduction Aurélie Belle

Direction éditoriale Didier Férat

Coordination éditoriale Maëlle Sigonneau

Responsable prépresse Jean-Noel Doan

Cartographie Nicolas Chauveau

Maquette Laurence Tixier

Couverture Laure Wilmot

Merci à Jacqueline Menanteau.

Index

Voir aussi les index :
Se restaurer p. 220
Prendre un verre p. 221
Sortir p. 222
Shopping p. 222

Référence sites
Réf. cartes

Référence sites
Réf. cartes

Prendre un verre

Référence sites
Réf. cartes

Sortir

Shopping

Steve Fallon

Après avoir vécu 15 ans au centre de l'univers (dans l'East London), Steve fait des rimes façon cockney dans son sommeil, mange de la gelée d'anguilles au petit-déjeuner, boit beaucoup de lager et danse parfois seul. Comme toujours, il a tout fait à fond et en s'amusant : les balades, les visites, pris (certains) conseils de ses amis et collègues et d'un chauffeur de taxi. Steve est guide professionnel "Blue Badge" à Londres.

Émilie Filou

Émilie est née à Paris et y a vécu jusqu'à ses 18 ans. Après une licence et trois années sabbatiques, elle a atterri à Londres, en est tombée amoureuse et n'en est plus repartie. Elle est désormais journaliste, spécialiste de l'Afrique, où elle se rend régulièrement, et vit dans le nord-est de Londres. Découvrez son travail sur www.emiliefilou.com et sur twitter @EmilieFilou.

Nos auteurs

Damian Harper

Né non loin du Strand, ce Cockney pure souche a grandi à Notting Hill bien avant que Hollywood ne le découvre. Ancien libraire chez Shakespeare and Company et présentateur radio, Damian rédige des guides pour Lonely Planet depuis la fin des années 1990. Il vit à South London avec son épouse et ses deux enfants, et retourne souvent en Chine (sa deuxième patrie).

Peter Dragicevich

Après une dizaine d'années comme critique musical et gastronomique pour des publications en Nouvelle-Zélande et en Australie, Peter ne pouvait plus résister aux lumières de la ville et aux guitares bruyantes de Londres. Comme tout bon "Kiwi", il a découvert la ville en allant de l'appartement d'un ami à un autre dans tout Londres avant de s'installer dans North London. Aujourd'hui, il est de retour à Auckland, en Nouvelle-Zélande.

Londres en quelques jours
6e édition
Traduit et adapté de l'ouvrage *Pocket London, 6th edition, October 2018*

Dépôt légal Mars 2019
ISBN 978-2-81617-105-1

Imprimé par L.E.G.O. Spa (Legatoria Editoriale Giovanni Olivotto), Italie

En Voyage Éditions | un département édi8